GUIDE DU PARFAIT *daily* **bullet**

PRÉSENTÉ PAR KAROLINA
DE JOURNALINGADDICT.FR

ALBIN MICHEL

OUVRAGE PUBLIÉ SOUS LA DIRECTION
DE **LAURE PAOLI**

RESPONSABLE ÉDITORIALE:
VÉRONIQUE GALLAND

SUPPORT RÉDACTIONNEL ET TEXTES:
CLÉMENCE BRUGALLÉ, VÉRONIQUE GALLAND

RELECTURE ET CORRECTIONS:
JULIEN LANNOY

CONCEPTION GRAPHIQUE ET MISE EN PAGES:
CARINE TURIN, MARC DEROIN, LA TÊTE MODERNE

ILLUSTRATIONS:
SHUTTERSTOCK
SAUF P. 37, P. 94 ET 95: **CHARLOTTE DELARBRE**

PHOTOS:
MYRTILLE CHAREYRE
SAUF P. 41: **SHUTTERSTOCK**
ET P. 21 EN HAUT: **DR**

SOMMAIRE

LE MOT DE KAROLINA

DE JOURNALINGADDICT.FR

Depuis mon plus jeune âge, je cultive une véritable passion pour la papeterie, les instruments d'écriture et les activités créatives. La rentrée, et surtout les achats de fournitures scolaires, me procuraient un avant-goût de Noël!

J'ai découvert le Bullet Journal de Ryder Carroll il y a trois ans et ce fut une révélation. Enfin un concept qui concilie la rigueur d'un agenda, la commodité d'une liste et le potentiel infini d'un carnet. En somme, une aide au quotidien et la liberté à laquelle invite la page blanche.

À l'ère du numérique, le BuJo (contraction de *bu*llet et de *jo*urnal), simple système analogique pour organiser, planifier et prioriser les tâches à réaliser dans un contexte de gestion de projets, s'est très rapidement démocratisé, grâce aussi à sa flexibilité et à la grande place qu'il laisse à la créativité.

Par ailleurs, les bienfaits des activités manuelles et créatives sur le bien-être et le mental ne sont plus un secret pour personne. Le *journaling** en fait partie et présente quelques atouts non négligeables (et non exhaustifs):

- abordable: un cahier et un stylo suffisent pour débuter;
- une seule connexion nécessaire: avec soi-même; le BuJo c'est où, quand et comme j'en ai envie;
- personnalisable à souhait, pas de limites, hormis celle du cadre de la page… encore que!

* Terme anglais qu'on pourrait traduire par «tenir un journal».

** Terme inventé par la communauté francophone des adeptes du Bullet Journal et désignant le fait de tenir un BuJo.

Pour celles et ceux qui souhaitent se lancer dans cette aventure, on trouve de nombreux exemples sur Internet. Cependant, les photos de ces carnets incroyablement illustrés peuvent intimider. On pense qu'on n'arrivera jamais à concevoir un journal aussi beau parce qu'on ne sait pas par où commencer, ou que l'on a ni «talent» ni «don artistique». Je ne sais pas si ça peut vous rassurer, mais je ne possède aucun des deux. En revanche, je refuse de me chercher des excuses pour «ne pas faire», de peur de (ne pas) réussir.

Dans la première partie, le *Guide du parfait Daily Bullet* présente et détaille le concept original de Ryder Carroll, mais aussi les modules complémentaires qui sont apparus au fil du temps sur la toile et les réseaux sociaux. Il vous aidera à comprendre et à vous approprier les bases pour, à terme, personnaliser vos productions en fonction de vos besoins et envies. Vous trouverez dans la seconde partie un cahier d'inspiration, foisonnant d'idées pour décorer votre carnet et en faire votre meilleur allié au quotidien. Le Daily Bullet vous aidera à vous organiser tout en vous permettant de lâcher prise, de libérer votre esprit créatif et de vous détendre.

Maintenant que vous avez toutes les clés en main, je tiens à vous souhaiter la bienvenue dans le monde merveilleux du bujotage**!

Bonne lecture !

Karolina
WWW.JOURNALINGADDICT.FR

ALRIGHT
WRITE

MODE D'EMPLOI

UN DAILY BULLET, C'EST QUOI AU JUSTE?

Avec nos vies à cent à l'heure, c'est souvent l'anarchie dans notre esprit et il devient difficile de gérer les priorités. On traite les urgences comme on le peut. On est submergé par une foule d'idées, de pensées. Rien n'avance comme on le souhaiterait et, parfois, on en oublie l'essentiel, les choses qui nous font du bien…

Et si un simple carnet pouvait tout changer ?

C'est dans l'esprit du designer new-yorkais Ryder Carroll qu'est né ce petit bijou d'organisation qu'est le Bullet Journal. Selon Caroll, le BuJo (pour les intimes) est fait «pour ceux qui font des listes, ceux qui prennent des notes, les adeptes des post-it, ceux qui font le suivi de leurs activités […]. C'est un système analogique à l'ère numérique qui vous aidera à garder une trace du passé, organiser le présent et planifier le futur.»

Vous retrouvez-vous dans cette description ?
C'est que le Daily Bullet est fait pour vous !

« GARDER UNE TRACE DU PASSÉ, ORGANISER LE PRÉSENT ET PLANIFIER LE FUTUR. »

RYDER CARROLL

Ce système a l'air d'être le parfait allié d'une vie organisée, mais c'est quoi au juste ?

un Daily Bullet
=
un système simple et flexible d'organisation de la vie

Il permet de garder une trace de tout ce qui peut nous passer par la tête : en bref, c'est le mariage parfait entre un agenda, des *to-do lists*, un carnet d'inspiration, un carnet de croquis, un journal intime et plus encore !

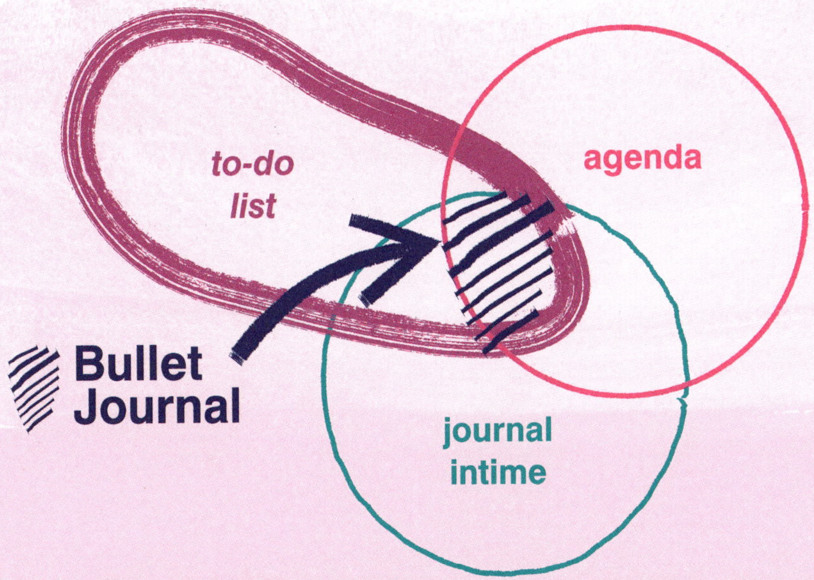

Clarifier nos idées

Mieux mémoriser

« PLUS TARD, IL SERA TROP TARD. NOTRE VIE C'EST MAINTENANT. »

JACQUES PRÉVERT

Grâce à lui, finis les post-it, terminées les listes sur un bout de feuille volante et stop aux multitudes de carnets!

Si, vous aussi, vous en avez assez de toutes ces listes à rallonge qui ne vous permettent pas d'être productif et épanoui…

Il est urgent de passer au Daily Bullet!

On pourrait croire que le Daily Bullet est complètement désuet à l'ère des agendas électroniques et de la technologie. Que nenni!

En plus d'être un système d'organisation performant, le Daily Bullet a de nombreuses vertus. Il nous permet:

- de renouer avec le plaisir d'écrire, de faire glisser la plume sur une feuille;
- de limiter notre contact avec les écrans et de dé-con-nec-ter;
- de clarifier nos idées en les couchant sur le papier;
- de développer notre créativité…;
- de plus, le simple fait d'écrire nous permet de mieux mémoriser les choses!

Le Daily Bullet est une aide précieuse pour nous aider à faire le ménage dans notre tête.

Effet thérapeutique!

L'objectif du Daily Bullet est donc simple: il nous permet d'optimiser notre temps et de nous rendre plus productif.

Grâce à ce carnet aux multiples atouts, le mot «procrastiner» ne fera désormais plus partie de notre vocabulaire!

Ne serait-il pas en train de devenir notre nouveau meilleur ami?

Mon Daily Bullet et moi…

«VIVRE EST LA CHOSE LA PLUS RARE DU MONDE. LA PLUPART DES GENS SE CONTENTENT D'EXISTER.»

OSCAR WILDE

Le Daily Bullet est un système d'organisation personnalisable à l'infini…

Avec lui, rien n'est figé.

Il laisse une place pour le grain de folie qui sommeille en chacun de nous ! Le tout est de se l'approprier.

- Si vous avez envie d'être plus organisé (d'une manière simple et efficace);
- si vous aimez les agendas (sans formes préconçues);
- si vous préférez utiliser un stylo plutôt qu'un clavier;
- et si vous avez une once de créativité…

le Daily Bullet est fait pour vous !

Personnalisable

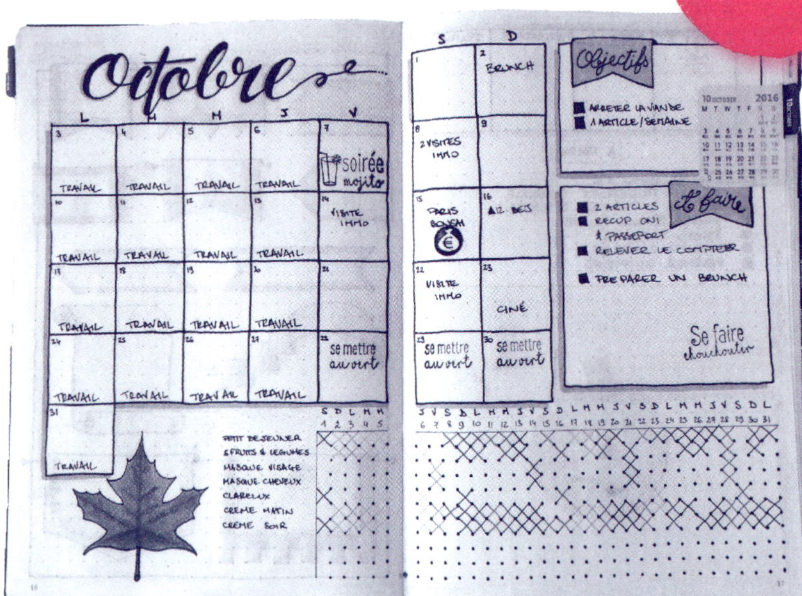

Feel good spirit

TOUT CE QUE

TU FAIS

aujourd'hui

PEUT

transformer

TES LENDEMAINS

POUR BIEN COMMENCER SON DAILY BULLET

ON PRÉCISE SES BESOINS!

Avant de vous lancer dans la création de votre Daily Bullet, essayez de réfléchir à ce en quoi il vous sera utile, à vos besoins et à vos envies. Que souhaitez-vous y voir figurer? Votre agenda personnel et/ou professionnel? Les anniversaires à ne pas oublier? Vos listes de choses à faire? Le suivi de certains de vos projets? Nous sommes tous différents et chaque Daily Bullet est le reflet de son propriétaire.

Si vous n'avez pas encore bien défini toutes vos attentes vis-à-vis de votre Bullet, *don't panic!* celui-ci s'adaptera parfaitement à vous et à l'évolution de vos exigences!

Ça y est? Vous êtes convaincu que le Daily Bullet est fait pour vous?

C'est parti!

ON S'ÉQUIPE!

Voici la liste exhaustive (oui, oui!) du matériel nécessaire pour commencer un Daily Bullet:

Il en faut donc très peu pour faire beaucoup!

Et c'est là aussi que réside la magie de ce système d'organisation. Avec seulement un carnet et un stylo, vous pouvez déjà vous lancer! Le Daily Bullet n'exige aucun matériel coûteux ni spécifique.

QUEL CARNET?

Vous avez la liberté de commencer votre Bullet sur n'importe quel type de cahier. Tout dépend de ce que vous en attendez.

Wait a minute! Ce carnet ne serait-il déjà pas entre vos mains? Bon, étant donné que vous allez vite devenir *addict*, voici des conseils pour l'achat du suivant:

Ses caractéristiques dépendent de l'usage que vous voulez en faire.

Selon ce que vous voudrez y consigner, il faudra être attentif au format, à la qualité du papier, à la présence de repères ou non sur chaque page, au nombre de pages… De plus, un *Daily Bullet addict* ne se sépare en général jamais de son carnet fétiche. Il le chérit et le bringuebale partout avec lui, dans son sac.

Aussi on le choisit :

- solide, avec une couverture bien protectrice;
- au format A5: petit (mais pas trop non plus) et fonctionnel!
- avec des pages numérotées, pour tout retrouver grâce à l'index;
- avec une réglure: lignes, carreaux ou points, imprimés dans une teinte pâle (nous on adore les *dots*, ces petits points qui permettent d'écrire droit et qui sont assez discrets pour disparaître sous nos créations graphiques!);
- avec un papier de qualité, souple et opaque à la fois, 80 g/m^2 étant un bon compromis;
- qui puisse s'ouvrir à plat: on n'y pense pas tout de suite, mais c'est bien plus pratique d'avoir sa double-page bien ouverte sans que cela casse le dos du carnet;
- avec des signets, ces marque-pages qui nous permettent d'aller très vite à la page du moment.

Discrets, les petits points

Utiles, les signets

Couverture souple ou rigide

LES STYLOS QU'IL NOUS FAUT

Le choix des stylos n'est pas une mince affaire, si l'on en croit la communauté des *BuJo addicts*! La méthode la plus simple pour choisir le sien est l'expérience… Quoi de mieux que d'en tester plusieurs pour trouver celui qui correspondra à vos attentes et qui vous apportera le meilleur confort d'écriture?

Voici néanmoins une liste de nos stylos-feutres chouchous, pour écarter d'emblée ceux qui bavent ou dont l'encre traverse les pages:

1 Faber-Castell Pitt Artist pen black

- Ces stylos sont d'une teinte très noire car ils sont à base d'encre de Chine.
- Ils ne bavent pas.
- Il en existe de 8 épaisseurs de mine différentes, pointues ou biseautées (parfait pour les pleins et les déliés): pratique pour créer des titres et intertitres, hiérarchiser ses idées…

2 Staedtler Pigment liner

- Sans être à l'encre de Chine ils sont tout de même très pigmentés.
- Avantage: leur encre sèche très vite.
- 12 diamètres de pointe différents disponibles (de 0,05 mm à 3,2 mm). On peut en jouer selon l'épaisseur de trait désirée.

3 Tombow Art Dual Brush pen

- Un feutre à 2 pointes (une pointe pinceau et une pointe fine): pour le dessin et le coloriage.
- Pratique pour calligraphier.
- Une large gamme de couleurs disponibles.

Autres marques agréables et pratiques:

- **Sharpie pen**
- **Rotring Tikky Graphic**, à réserver aux papiers épais.

LE MAÎTRE-MOT POUR LE CHOIX D'UN STYLO C'EST LE CONFORT!

SENTEZ-VOUS LIBRE DE CONSACRER UNE PAGE DE VOTRE BULLET POUR EN TESTER PLUSIEURS: AINSI, VOUS POURREZ VOUS SOUVENIR DE LA MARQUE ET DU MODÈLE CORRESPONDANT À TEL OU TEL TRACÉ.

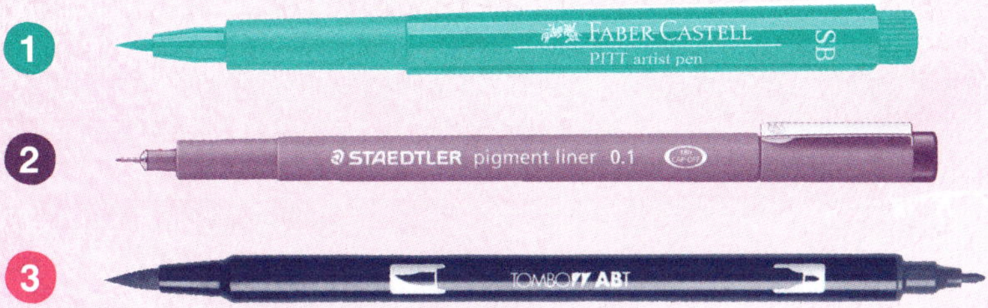

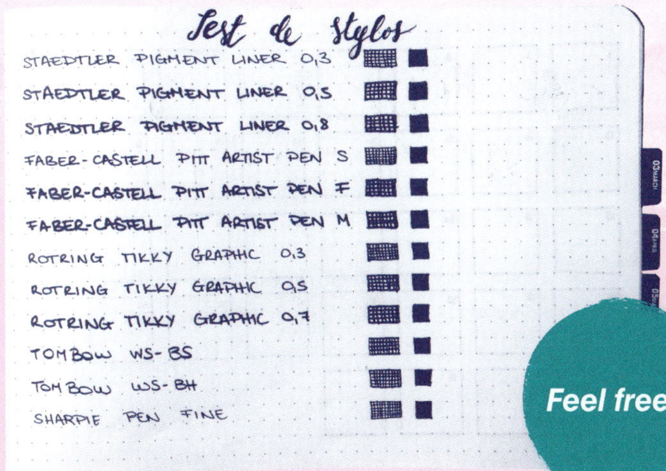

Feel free !

LA COULEUR, SI ON AIME

La couleur n'est absolument pas proscrite dans la rédaction d'un Bullet. Pour ça, on plébiscite les produits suivants, pour leur gamme de coloris étendue:

Pilot Maica très fin (0,2 mm), 12 couleurs
Uni-Ball Eye fine fin (0,4 mm), 10 couleurs
Stabilo Point 88 fin (0,4 mm), 47 couleurs dont 6 fluo
Uni-Ball Signo Broad moyen (0,6 mm), 13 couleurs dont le blanc et 8 métallisées
Stabilo Pen 68 large (1 mm), 46 couleurs dont 6 fluo

En revanche, on déconseille l'aquarelle: trop humide, elle fait gondoler le papier de la plupart des carnets.

MATÉRIEL NON INDISPENSABLE (QUOIQUE... !)

Le Daily Bullet peut être bien plus qu'un simple agenda si vous y apportez votre touche personnelle et y laissez transparaître votre personnalité! Nous on adore:

Essentiel!

Le *washi tape*

Ces rubans adhésifs en papier japonais, tellement jolis! Il en existe de toutes couleurs et de tous motifs, en différentes largeurs. Indispensables pour coller (photos, notes), souligner, séparer, décorer... et parfois camoufler les erreurs!

Trop beau!

Les tampons

Pratiques ou décoratifs, ils apportent une unité à l'ensemble du carnet, comme les tampons «symboles» ou «jours de la semaine», très utiles pour les plannings hebdos. Différents modèles sur les sites marchands ou dans les magasins d'activités manuelles.

Les stickers

Parfaits pour mieux mettre en avant un évènement important, un anniversaire, des dates de vacances! Vous disposez de plusieurs planches à la fin de ce guide, et si vous faites partie des *addicts*, vous trouverez votre bonheur sur les sites d'achat en ligne.

Les pochoirs

Il en existe pour tracer du texte, des bannières, des cadres et une multitude d'éléments décoratifs (voir *doodles*, p. 000) qui peuvent venir égailler votre BuJo. Certains, très utiles, représentent même les *pictos* de nos réseaux sociaux préférés!

Malin!

Les onglets

On les colle sur le bord des pages pour structurer son Daily Bullet et accéder facilement à certaines parties. Il en existe des pré-imprimés avec les mois de l'année, par exemple, mais on peut aussi utiliser une simple pastille de couleur collée et repliée sur le bord de la page ou encore colorier la tranche des pages.

Le *washi* *tape*

Les onglets

Les tampons

UN SYSTÈME D'ORGA-NISATION ORIGINAL

La composition d'un Daily Bullet est très flexible, mais il obéit quand même à certains critères pour être le plus efficace possible.

LES ENTRÉES

On appelle «entrée» toute information que vous allez noter dans votre carnet: ce peut être un rendez-vous, une tâche, un anniversaire à souhaiter, etc.

Le type d'entrée est immédiatement identifiable grâce à un système de puces, c'est-à-dire de petits symboles placés devant.

Les entrées sont parfois mises en valeur par des *signifiers* (= «indicateurs» ou «signifiants») qui permettent d'en souligner l'importance.

Grâce à ces puces et indicateurs, il devient très facile de s'organiser, car tout est visuel !

Bien vu!

LES PUCES

Les puces (ou *bullets* en anglais) sont l'essence même du Daily Bullet. Elles permettent d'organiser ce que l'on consigne dans le carnet en apportant de la lisibilité. Grâce à elles, on identifie, on différencie plus facilement chaque information.

BIEN SÛR, CES PUCES SONT PERSONNALISABLES À VOLONTÉ. VOUS POUVEZ MÊME LES COMBINER AVEC UN CODE COULEUR.

Chacun peut s'approprier le code qui lui correspond le mieux.

Exemple:

- ☐ Tâche à réaliser
- ⧄ Tâche en cours de réalisation
- ■ Tâche réalisée
- ☒ Tâche annulée
- [>] Tâche à reporter
- [<] Tâche reportée à une autre échéance
- ○ Évènement
- △ Réunion ou rendez-vous
- • Note, information

LES INDICATEURS

Les indicateurs (ou signifiers en anglais) sont des symboles qui cohabitent avec les puces. Ils apportent de la précision, du contexte :

- ✶ Important, prioritaire, urgent
- ! Inspirant
- ◉ À explorer (idée à creuser...)
- ♥ Coup de cœur
- $ Dépense
- ⚠ Date butoir

LA LÉGENDE OU CLÉ

Une fois vos puces, indicateurs et code couleur clairement définis, vous les regrouperez sur une page avant ou après l'index. En cas de trou de mémoire, vous n'aurez qu'à vous référer à cette légende!

L'INCONTOURNABLE INDEX

Ce sont les pages qui répertorient toutes vos collections et vos pages agenda (d'où l'intérêt d'avoir un carnet à pages numérotées!). Comptez entre 2 et 4 pages, voire davantage si vous aimez tout inventorier! L'index vous donne un aperçu de l'ensemble du Daily Bullet.

La question que l'on peut se poser, c'est: est-ce que je dois tout indexer? La réponse ne dépend que de vous! Qu'est-ce qui est important à vos yeux? En général, on référence les mois (numéros de la page de début et de la page de fin du mois en question) et les listes thématiques (voir p. 36) pour les retrouver facilement.

EXTENSIBLE
SI VOS LISTES THÉMATIQUES OCCUPENT PLUS DE PAGES QUE PRÉVU OU SE RÉPARTISSENT SUR DES PAGES NON CONSÉCUTIVES, IL SUFFIT D'AJOUTER LES NUMÉROS DE PAGES CORRESPONDANTS AU FUR ET À MESURE DANS L'INDEX!

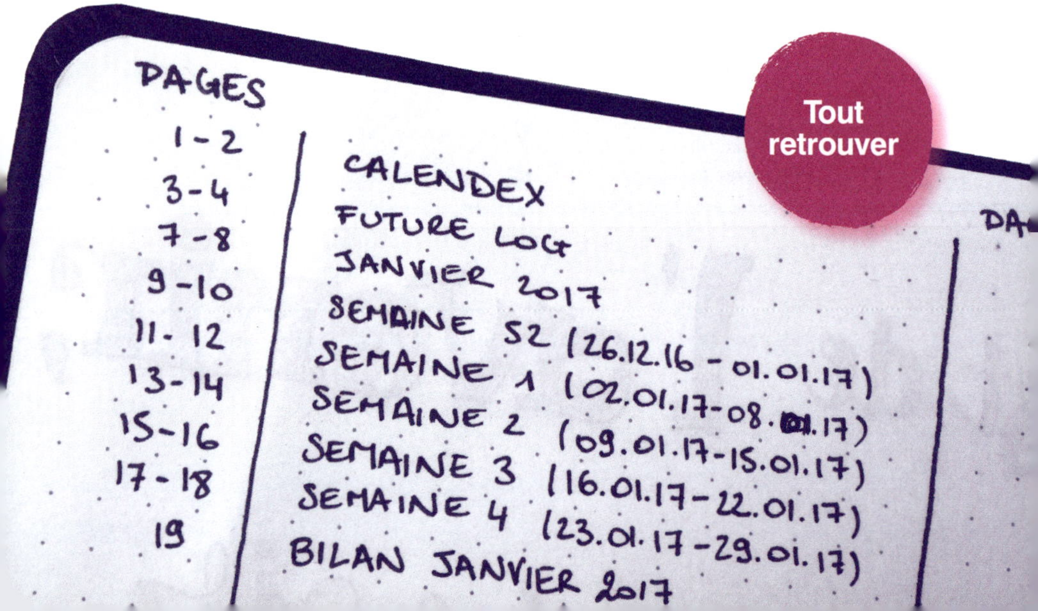

LA MIGRATION OU REPORT

La migration (terme un peu jargonneux, on vous l'accorde) c'est l'art du report. Cela consiste tout simplement à reporter les tâches d'une période donnée (un jour, une semaine, un mois...) à la période suivante. Cela vous paraît obscur? Ne vous inquiétez pas, c'est très simple!

À la fin de chaque période (jour, semaine ou mois), relevez toutes les tâches qui n'ont pas été réalisées. Si elles sont toujours d'actualité, il faut les reporter à la période suivante, c'est-à-dire les remettre à l'ordre du jour (ou de la semaine, du mois...). Avec le Daily Bullet, rien ne passe à la trappe!

Nouveau départ!

Fini les listes raturées, gribouillées, annotées, illisibles: on repart sur du neuf.

Le Daily Bullet aide à y voir plus clair et donc à se sentir mieux!

Quand faut-il effectuer ces reports?

À vous de voir: ce peut être un exercice quotidien, hebdomadaire ou mensuel, en fonction de la nature des tâches ou du contexte (personnel ou professionnel, par exemple).

Si vous n'avez pas eu le temps de réaliser tous vos objectifs, pas de souci, vous les reportez à la période suivante. Envolée votre culpabilité de ne pas avoir tout fait ! La migration n'est qu'un moyen pour vous aider à ne rien oublier, ce n'est pas un outil pour vous flageller ! Reporter la même tâche de semaine en semaine n'est pas forcément un aveu d'échec: peut-être n'était-ce pas le bon moment. Mais, tiens!, trois semaines plus tard, votre tâche est toujours au programme et, cette fois, vous vous sentez d'attaque et plein d'énergie!

Quelle satisfaction de pouvoir enfin cocher:

☐ *C'est fait!*

UN CONTENU À LA CARTE

On l'a vu (p. 000), le Daily Bullet, c'est tout à la fois un agenda, des *to-do lists*, un carnet d'inspiration et un journal intime. Donc, en premier lieu, on va y trouver :

DES PAGES « AGENDA »

- Les entrées quotidiennes ou *daily log*
- Le planning hebdomadaire ou *weekly log*
- Le planning mensuel ou *monthly log*
- Le calendrier annuel ou *future log*
- Le *calendex*

Tous les détails p. 30-35

QUI DIT DAILY BULLET DIT PERSONNALISABLE À L'INFINI... ALORS RIEN N'EST FIGÉ ! VOUS N'ÊTES PAS OBLIGÉ DE TOUT SUIVRE À LA LETTRE. SELON VOTRE MODE D'ORGANISATION, VOUS NE CRÉEREZ, PAR EXEMPLE, QUE LE CALENDEX ET LES PLANNINGS HEBDOMADAIRES. **DU 100 % SUR MESURE !**

Waouh... ! Encore l'effet Daily Bullet !

En second lieu, on va y trouver des pages entièrement dédiées au suivi de chacun de vos projets, des pages d'inspiration, etc. en fonction de vos besoins, de vos envies... Ces pages peuvent prendre la forme de tableaux de suivi, de pages de croquis ou de citations, de liste de contacts, etc. La liste peut être très (très) longue !

DES MODULES ADDITIONNELS

- Collections
- *Trackers*

Tous les détails p. 36-39

DES PAGES LIBRES

- Pour méditer, disserter…
- Pour dessiner, croquer, créer…
- Pour noter, consigner…

Pour tout ce qui vous passe par la tête !

PAGES AGENDA: UN BIJOU D'EFFICACITÉ

LE «CALENDEX»

Le terme *calendex* résulte de la contraction des mots «calendrier» et «index». C'est un index dans un planning annuel!

Ne confondons donc pas le calendex avec son cousin germain, le planning annuel (ou *future log*, voir p. 000):

Sur le planning annuel, on inscrit directement le nom des événements principaux de l'année: vacances, rendez-vous importants, anniversaires, échéances majeures, etc.

Sur le calendex, on travaille plutôt avec un code couleur (ou un système de puces) et on inscrit les numéros de pages du Daily Bullet renvoyant aux événements en question.

✶ N'oubliez pas de répertorier le calendex dans l'index.

Comment créer le calendex ?

1

Diviser une double-page en 13 colonnes:

1 première colonne (généralement celle de gauche) pour les numéros des jours;

12 autres colonnes pour les 12 mois de l'année.

2

Numérotez ensuite chaque ligne de la première colonne jusqu'à 31 (nombre maximum de jours dans un mois). Si vous le souhaitez, vous pouvez matérialiser les semaines correspondant à chacun des mois de l'année en cours.

3

En complément, vous pouvez utiliser un code couleur, par exemple:

ROUGE
Les rendez-vous importants

VERT
Les anniversaires

BLEU
Les vacances

Grâce aux couleurs, facile de visualiser les périodes scolaires et les congés !

Certains utilisent le système des puces et des indicateurs (voir p. 25).

Exemple: ✶ pour un rendez-vous important, ○ pour les évènements à ne pas oublier.

Dans la plage de couleur ou à côté de l'indicateur (selon le système choisi), on note le numéro de page qui renvoie au planning hebdomadaire ou mensuel où figure l'évènement en question.

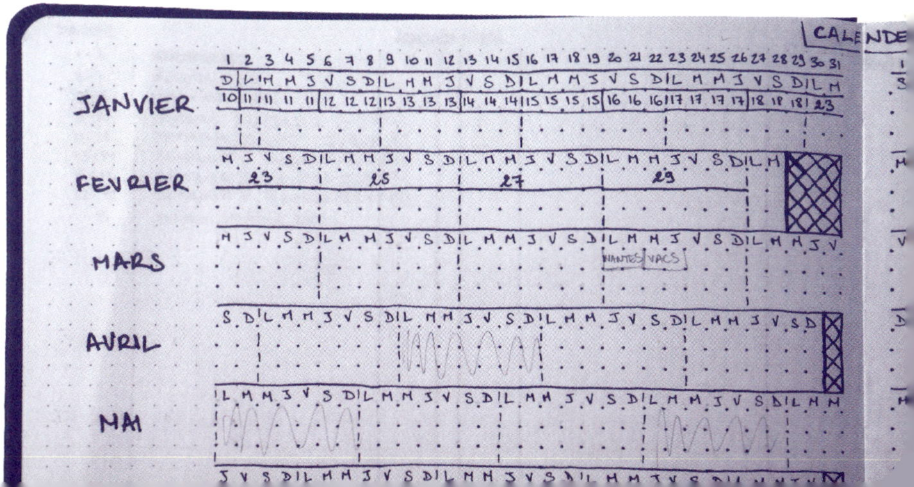

Mise en page à la carte

L'ESPRIT DAILY BULLET

POURQUOI, À LA FIN DE CHAQUE MOIS, NE PAS CONSACRER UNE PAGE AUX « MOMENTS MARQUANTS » ? BILAN, PETITS BONHEURS DU MOIS, SOUVENIRS DONT ON VEUT SE RAPPELER… CETTE COLLECTION S'INTITULE « GRATITUDE LOG » CHEZ NOS AMIS ANGLOPHONES.

LE « FUTURE LOG »

Il s'agit là d'un planning portant sur le long terme (généralement un planning annuel) pour mieux visualiser l'année dans son ensemble.

Comment créer le *futur log* ?

Le *futur log* peut être construit à l'horizontale comme à la verticale. Il peut courir sur une ou plusieurs doubles-pages (par trimestre, par semestre...) Le mieux est d'expérimenter plusieurs mises en page pour choisir celle avec laquelle vous êtes le plus à l'aise !

Pour ce faire, séparez l'espace de la ou des double(s)-page(s) en autant de rectangles (de tailles égales) qu'il y a de mois : 6, si vous fonctionnez par semestre, 12 si vous préférez visualiser l'année dans son ensemble.

✶ *N'oubliez pas de répertorier ce planning dans l'index.*

LE « MONTHLY LOG » OU PLANNING MENSUEL

C'est le planning de base du Daily Bullet. À l'instar du calendex, il couvre une double-page. Il permet d'avoir une vue d'ensemble de tous les évènements du mois en cours.

Comment créer le planning mensuel ?

Il se présente en général en 5 colonnes :

- une colonne étroite pour les jours du mois ;
- trois colonnes « matin », « après-midi » et « soir » ;
- et une plage plus large pour les notes.

Comme pour le calendex (voir p. 30), il faut numéroter chaque ligne de la première colonne de 1 à 31 (ou 28, 29 ou 30 selon le mois). Là encore on privilégie la concision pour noter chaque évènement ou tâche, en utilisant un code couleur et/ou le système des puces (voir p. 25).

Et comme tout est ultra personnalisable dans le Daily Bullet, il existe une multitude de mises en pages possibles pour le planning mensuel (voir p. 000).

LE « WEEKLY LOG » OU PLANNING HEBDOMADAIRE

C'est le même principe que le planning mensuel appliqué à la semaine. Ce n'est pas le planning le plus répandu chez les *journaling addicts*, mais il peut être très utile si vous ressentez le besoin d'avoir un semainier. Il tient en général sur une double-page.

« DUTCH DOOR SYSTEM »

BESOIN DE PLUS PLACE POUR VOS NOTES TOUT EN CONTINUANT À VISUALISER LA SEMAINE DANS SON ENTIER ? L'ASTUCE CONSISTE À CRÉER UNE PAGE À LA FAÇON DES PORTES À DEUX VANTAUX (COMME CELLES DES ÉCURIES !). ON ORGANISE ALORS LA SEMAINE SUR DEUX DOUBLES-PAGES PUIS ON PLIE LA FEUILLE CENTRALE VERTICALEMENT, OU BIEN ON LA DÉCOUPE HORIZONTALEMENT ET ON SUPPRIME LA PARTIE SUPÉRIEURE.

LE « DAILY LOG » OU JOURNAL DE BORD QUOTIDIEN

Le journal de bord quotidien est plus qu'un agenda journalier : outre les rendez-vous, les anniversaires et les différentes tâches, on peut y consigner nos idées ou envies du moment, les objectifs de la journée, la météo du jour, etc. Il ne faut surtout pas créer ce journal à l'avance. Il se tient au jour le jour.

N'oubliez pas que vous disposez d'autres plannings dans le Daily Bullet pour noter les rendez-vous fixés très à l'avance !

Eh oui, tout est pensé !

Dutch *door* à la verticale

Dutch *door* à l'horizontale

AUTRES MODULES: INVENTE TON BULLET

LES «COLLECTIONS» OU LISTES THÉMATIQUES

On appelle «collection» toute liste d'idées, d'informations ou de tâches qui portent sur une même thématique. Grâce à ces listes, vous pouvez mettre de l'ordre dans vos pensées, et surtout les rassembler sans craindre qu'elles ne vous échappent!

Voici une liste ô combien non-exhaustive de collections pour votre Daily Bullet:

★ *N'oubliez pas d'indexer chaque collection pour y revenir facilement dès qu'une nouvelle idée vous vient!*

Concentré d'idées

LES « TRACKERS »

Envie de mettre en place une nouvelle (et bonne!) habitude (faire du sport, lire régulièrement…) et de vous y tenir?

Besoin d'un suivi précis pour vous aider à mieux gérer un projet, un budget… et pour vous encourager au fur et à mesure de vos efforts?

Envie d'être plus régulier dans certaines tâches?

Autant de bonne raisons de créer un tableau de suivi (ou *tracker*, en anglais) que ce soit au quotidien, au fil du mois ou sur toute l'année.

Les *trackers* sont des gestionnaires d'habitudes !

On les adore parce que:

- on visualise l'évolution de nos projets, nos progrès, etc., en un clin d'œil;
- on peut faire le point à tout moment pour analyser ce qui est positif et là où ça pèche;
- ça nous encourage à persevérer et ça nous booste!

Les *trackers*, c'est la discipline au service de vos objectifs.

Ils permettent non seulement de se souvenir des choses qu'on doit faire à intervalles réguliers mais aussi d'en garder une trace pour ensuite en faire une analyse ou un bilan. Ces tableaux se présentent sous des formes très diverses (calendriers, roues, grilles…). Ils peuvent être tout petits et occuper un coin de votre *daily log* ou prendre toute une double-page.

IL EST PARFOIS DIFFICILE DE SORTIR DE LA ROUTINE ALORS MÊME QUE L'ON A MILLE NOUVELLES ENVIES.
PAR EXEMPLE, VOUS ADORERIEZ VOUS ACCORDER QUELQUES MINUTES DE MÉDITATION CHAQUE MATIN. LE HIC, C'EST QUE VOUS NE PARVENEZ PAS À VOUS Y TENIR PLUS DE DEUX JOURS D'AFFILÉE! AVEC LE TRACKER, QUELLE SATISFACTION DE VOIR QUE VOUS N'AVEZ MANQUÉ AUCUNE DE VOS SÉANCES MATINALES DURANT 6 SEMAINES!

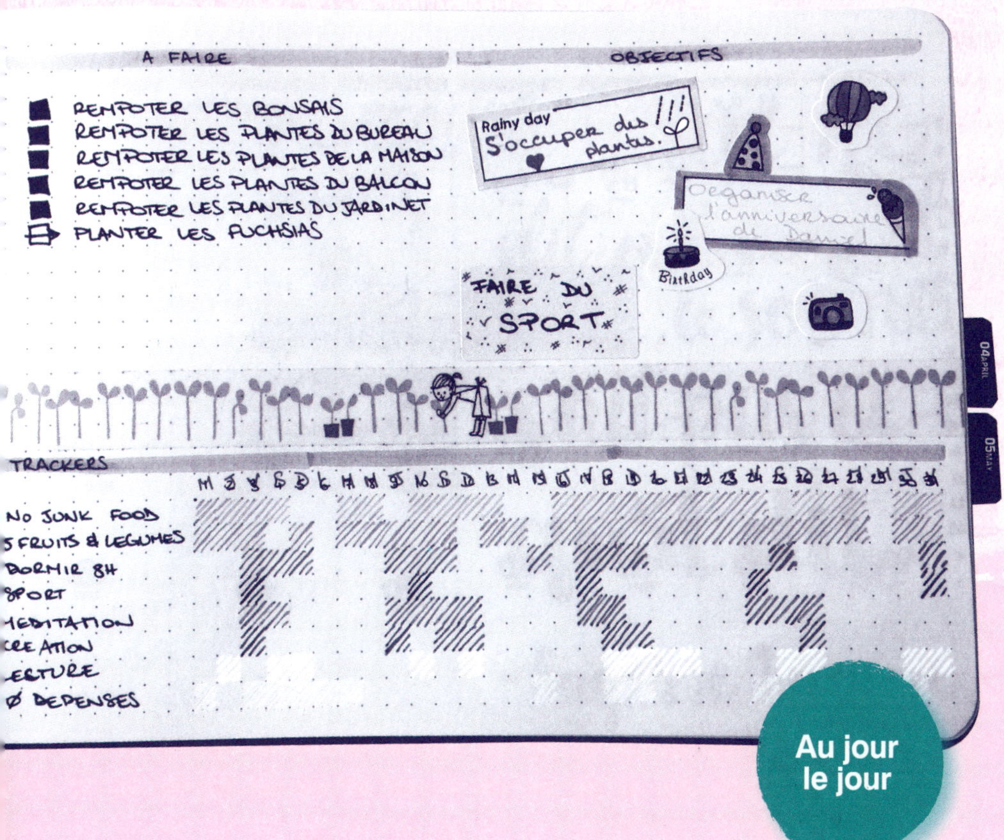

Au jour le jour

LE JOURNALING: TOUT UN ART!

ART-THÉRAPIE

Les *doodles* (de l'anglais «gribouillages») sont ces petits dessins qui viennent agrémenter nos pages. Ils apportent de la fantaisie et leur confèrent un supplément d'âme. On en use, on en abuse!

- Ils viennent illustrer une entrée.
- Ils sont le reflet de notre humeur du jour.
- Ils sont souvent purement esthétiques.
- Ils occupent même parfois une bonne partie de la page!

Voir p. 62

«FEEL GOOD SPIRIT»

Le Daily Bullet, c'est aussi tout un état d'esprit: un état d'esprit po-si-tif! Alors on n'hésite pas à émailler les pages de notre carnet de ces phrases qui nous font du bien.

Voir p. 70-73

UN MOMENT RIEN QU'À SOI

On se pose, on se concentre, on se recentre. Coloriage, *scrapbooking*, calligraphie, *doodling*: on enrichit les pages du Daily Bullet selon notre humeur, on est dans le concret et ça nous fait du bien. En plus, c'est beau!

Bref, pour rien au monde on ne sacrifierait ce moment rien qu'à nous!

#cestmoiquilaifait#zen#happy

PARLEZ-VOUS LE « BULLET »?

Le concept du Bullet Journal nous venant d'outre-Atlantique, difficile d'échapper aux termes anglo-saxons. On décrypte pour vous!

At a glance
D'un seul coup d'œil. (Ex.: *year at a glance*, balayer l'année d'un seul coup d'œil, sur une seule et même double-page.)

Bookmark
Marque-page, signet.

Brain dump
Sorte de remue-méninges, de brainstorming; fait de coucher sur le papier les idées qu'on a en tête.

Bucket list
Liste de choses à faire ou à voir au cours de sa vie, d'objectifs à atteindre, etc.

Bujofax
Contraction des termes «Bullet Journal» et «Filofax».

BuJo
Contraction des mots «Bullet» et «Journal».

Bullet
Voir Puce.

Calendex
Contraction des mots «calendrier» et «index»: index présenté non sous forme de liste mais de planning annuel.

Clé
Légende répertoriant les codes graphiques (puces et/ou code couleur) utilisés dans le carnet.

Collection
Liste thématique: énumération de tâches ou d'éléments portant sur un thème précis et non liée à la planification du temps (liste de films à voir, de livres à lire, de recettes à tester, de pays à découvrir...).

Daily log ou dailies
Journal de bord quotidien.

Dashboard
Littéralement «tableau de bord»: couverture du BuJo quand elle est customisée.

Doodle
Littéralement «gribouillage»: dessin rapide utilisé comme élément décoratif.

Dutch door
Littéralement «porte d'écurie»: système de demi-page intercalaire.

Entries
Entrée: note, information, tâche ou rendez-vous inscrit dans le Daily Bullet.

Future log
Planning portant sur une longue période, généralement un calendrier annuel.

Index
Page qui répertorie l'ensemble des pages agenda et collections du Daily Bullet et leur numéro de page. Sorte de sommaire qui permet de naviguer rapidement et facilement dans le Daily Bullet.

Indicateur ou signifiant
Symbole à associer aux puces de base et qui apporte de la précision, du contexte.

Log
Journal, planning.

Migration
Report: méthode qui consiste à reporter toutes les tâches non réalisées d'une période donnée à la période suivante.

Monthly log ou monthly overview
Planning mensuel.

Notebook
Carnet.

Penloop
Accessoire porte-stylo que l'on peut coller ou clipser sur son carnet.

Planner
Agenda.

Puce
Symbole typographique utilisé dans les énumérations et dans le journal de bord.

Review
Bilan, point à date.

Tracker
Tableau de suivi.

Weekly log
Planning hebdomadaire.

Weekly spread
Mise en page d'un planning hebdomadaire.

Year in pixels
Tracker, généralement sous forme de grille, qui porte sur l'année entière.

CAHIER CRÉATIF

C'EST EN CRÉANT QU'ON DEVIENT CRÉATIF!

Avant toute chose, on s'équipe d'un crayon à papier, d'une gomme, d'une règle et de ses feutres. On effectue toujours une esquisse au crayon avant de repasser au feutre le tracé définitif. C'est plus sûr!

LETTRAGE CRÉATIF

Prenez votre lettre fétiche et entraînez-vous à la redessiner de multiples manières. Étirez-la ou élargissez-la, parez-la, colorez-la... Laissez votre humeur lui donner vie...

À vous de jouer !

« ORNEMENTAL SPIRIT »

L'art de l'enluminure est à votre portée : pour débuter, amusez-vous à parer une lettrine au gré de votre inspiration.

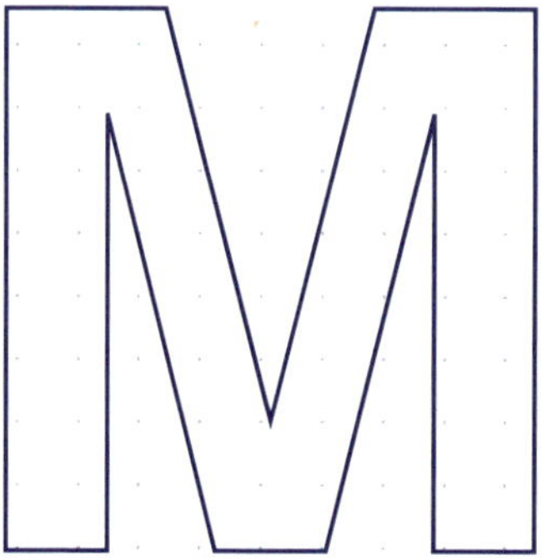

Avec des motifs géométriques

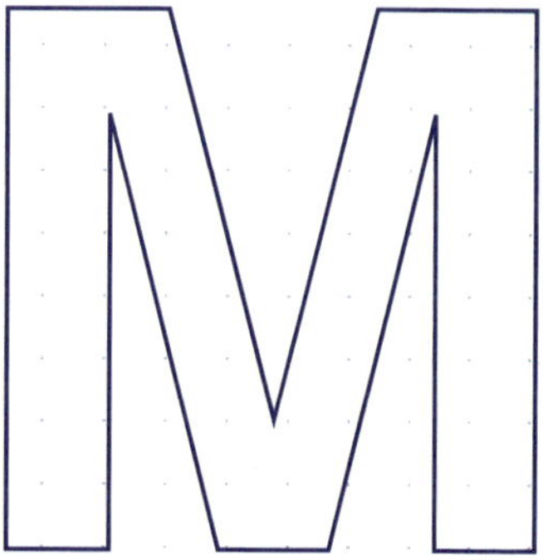

Avec des décors végétaux

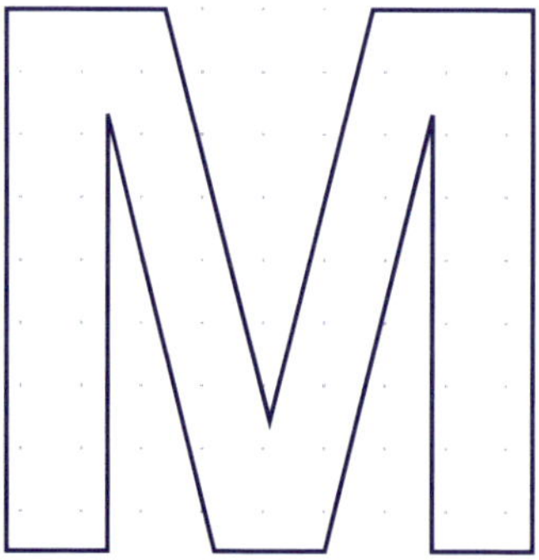

Avec un dégradé de couleurs

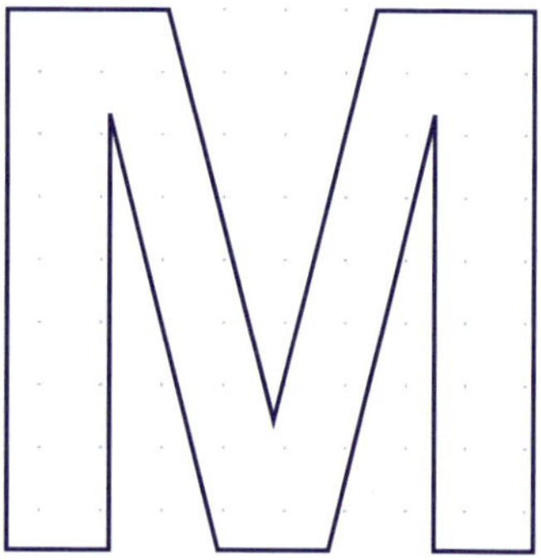

Avec des sommets enneigés

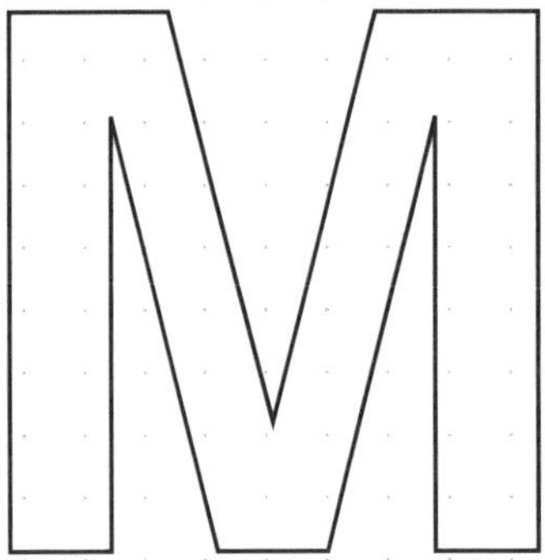

Un *M* en volume
(avec de la perspective)

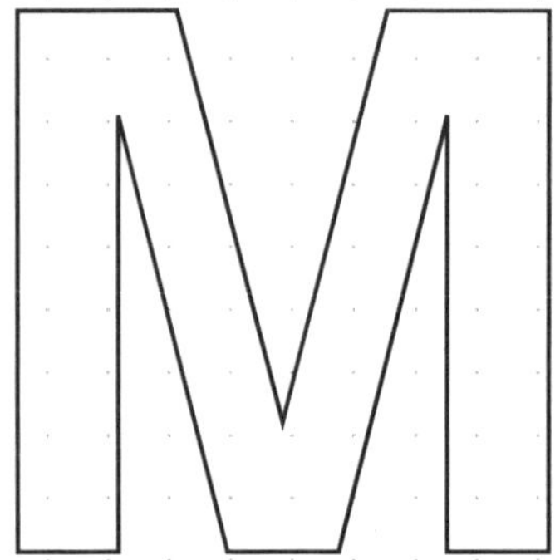

Avec des ballons
ou des cerfs-volants

Un *m* qui devient toboggan ou piste de luge

Un *m* qui devient chat ou tigre

ENLUMINEZ-MOI !

Maintenant que vous avez compris le principe (voir p. 48), essayez-vous à des ornementations plus sophistiquées.

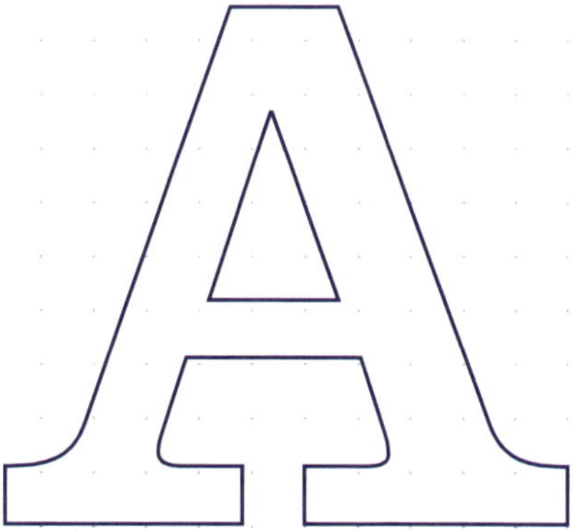

UN PEU DE POÉSIE

Choisissez un vers ou un mot que vous aimez et laissez-vous guider par les images que vous y associez spontanément. Surtout, ne vous censurez pas!

« MUSIQUE DE NEIGE
GRILLON D'HIVER
SOUS MES PAS »

MAXENCE FERMINE, *NEIGE*

Exercez-vous avec le mot « Paris ».

Exercez-vous avec le mot « bio ».

FIORITURES

Les fioritures prennent de la place. Anticipez.

Faites revenir subtilement les traits vers leur point de départ : c'est plus harmonieux.

Croisez les pleins et les déliés, les déliés et les déliés mais jamais les pleins et les pleins.

Si vous êtes débutant en la matière, enrichissez de préférence les lettres initiales et finales.

Retenez que le mieux est l'ennemi du bien. En cas d'hésitation, privilégiez la sobriété.

MIXEZ LES TYPOS

Jouez sur les contrastes, c'est ce qui crée l'harmonie. En règle générale, les contraires s'attirent et s'équilibrent. Amusez-vous avec le sens de la phrase et la taille des caractères pour faire émerger certains termes.

Majuscules vs minuscules

Épuré vs plein

Classique vs fantaisie

Typo droite vs typo à empattements

Gras vs maigre

CAHIER D'INSPI-RATION

CADRES ET BANNIÈRES

CAHIER D'INSPI- RATION

CADRES ET BANNIÈRES

to do:

AND

DOODLES

1
2
3
- + 12
34567
890
1234567890
1234567890
1.
2.
3.

N
W
E
S
TAXI
50%
!!!

FLÈCHES ET SÉPARATEURS

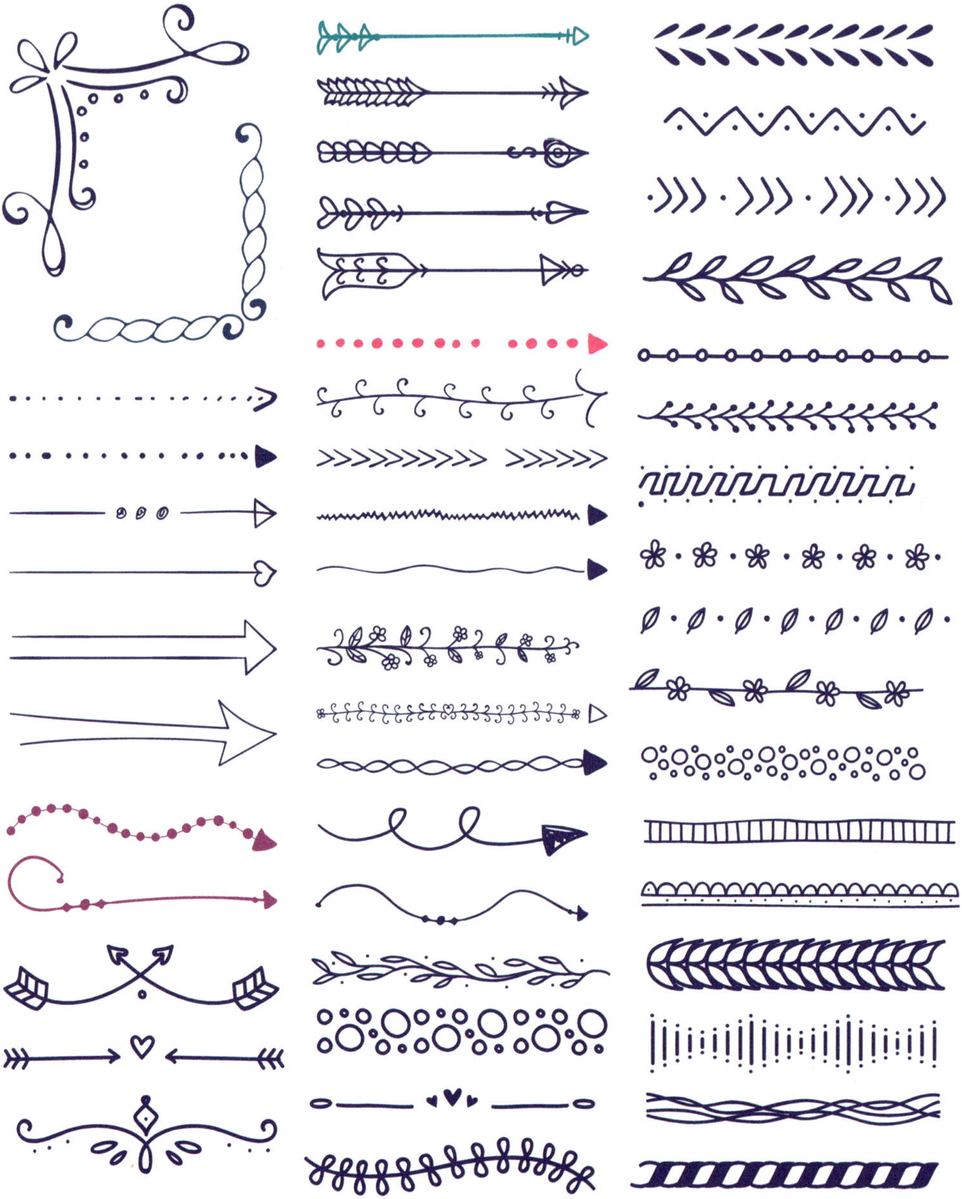

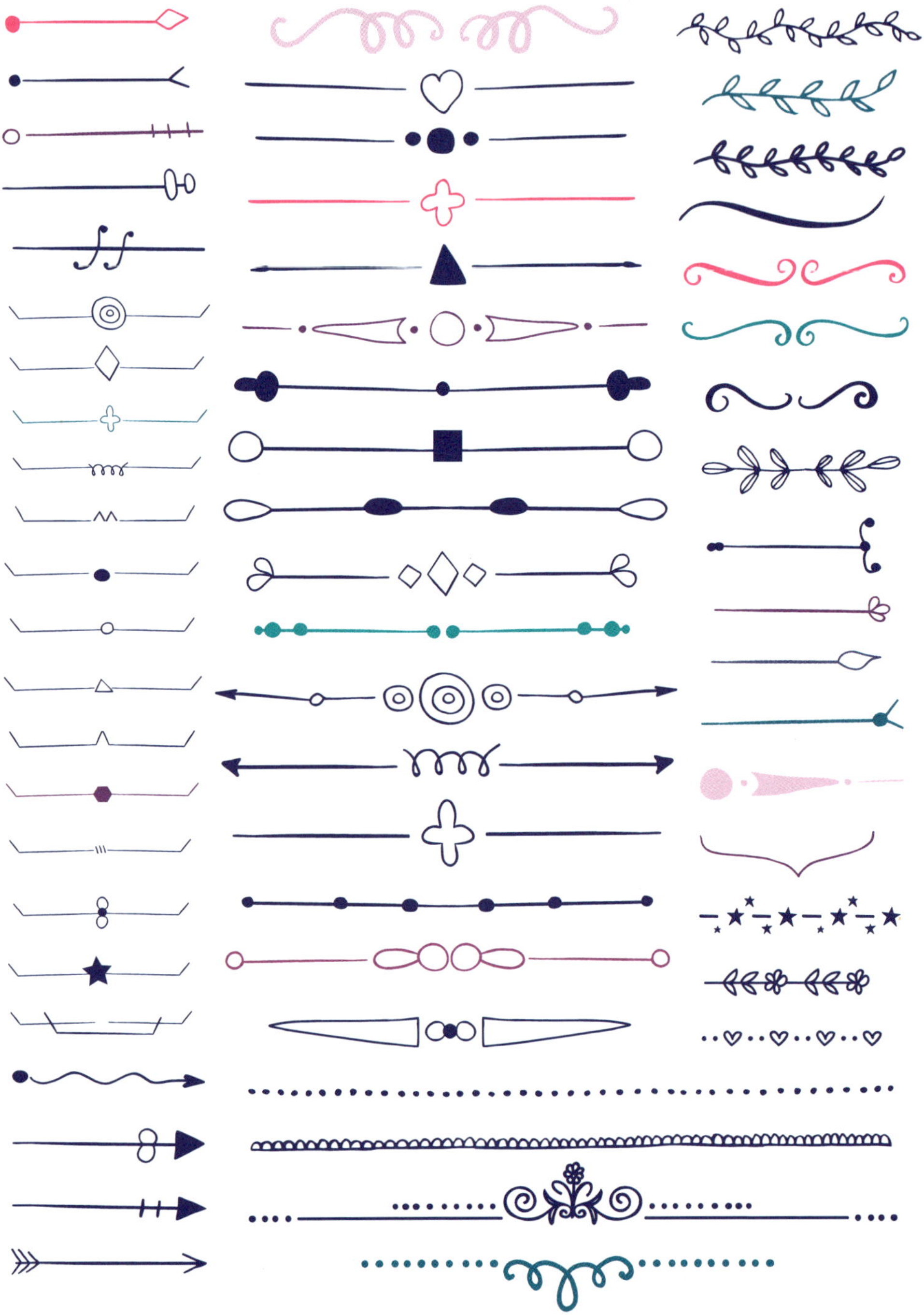

LETTRAGE CRÉATIF

Titres ou citations: observez les mises en page ci-dessous, le mélange des typos, l'utilisation ou non de dessins, de formes ou de cadres, et lancez-vous! *No limit!*

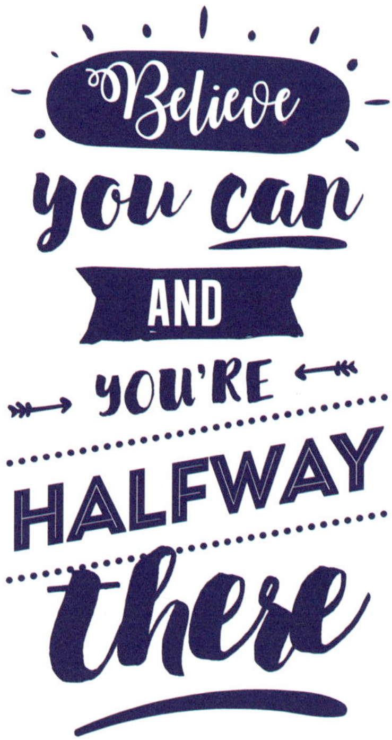

TOGETHER
IS OUR
favorite
PLACE
to be

beauTEAful

Thank
you

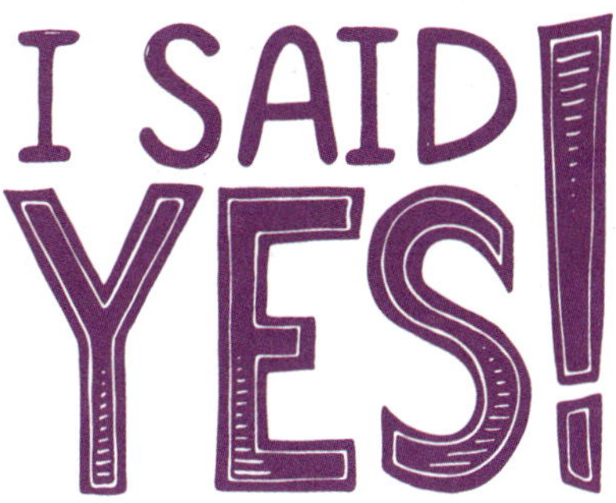
I SAID
YES!

WELCOME
May

STOP
DREAMING
START
DOING

If in
doubt
MAKE

STOP DREAMING
NOW
START DOING

STOP
DREAMING
START
DOING

Stop
dreaming,
start doing

JUST
GO

tea

Enjoy
the
little
THINGS

Smoothie

be
positive

Life begins at the end of your comfort zone

TYPOS INSPIRANTES

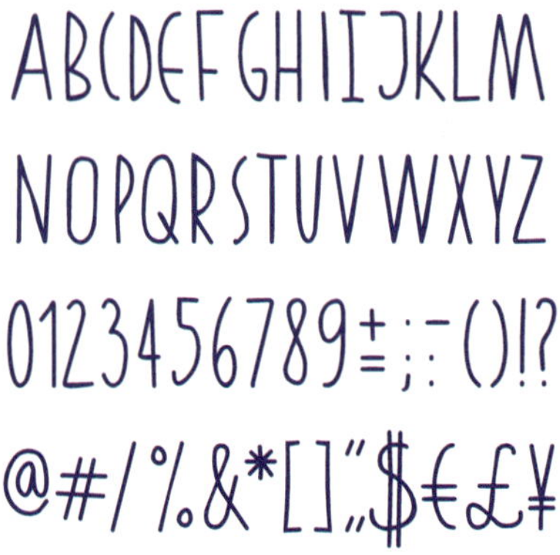

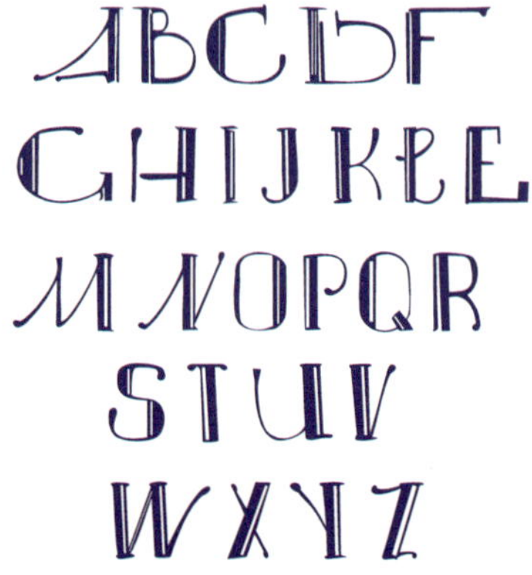

ABCDEFGHI
JKLMNOPQR
STUVWXYZ

ABCDE
FGHIJK
LMNOPQ
RSTUV
WXYZ

abcdefg
hijklmnop
qrstuvw
xyz

ABCDEFGHI
JKLMNOPQR
STUVWXYZ

ABCDEFGHIJK
LMNOPQRST
VWXYZ
ABCDEF
GHIJKL
MNOPQR
STUVW
XYZ
ABCDEF-
GHIJKLM-
NOPRST?!
UVWXYZ;
ABCDEFGHIJKLMN
OPQRSTUVWXYZ!?&
abcdefghijklmn
opqrstuvwxyz

ABCDEF
GHIJKL
MNOPQ
RSTUV
WXYZ

ABCDEF
GHIJKL
MNOPQ
RSTUV
WXYZ

Aa Bb Cc Dd Ee Ff
Gg Hh Ii Jj Kk Ll
Mm Nn Oo Pp Qq
Rr Ss Tt Uu Vv
Ww Xx Yy Zz

ABCDEFG
HIJKLMN
OPQRSTU
VWXYZ

ABCDEFG
HIJKLM
NOPQRST
UVWXYZ

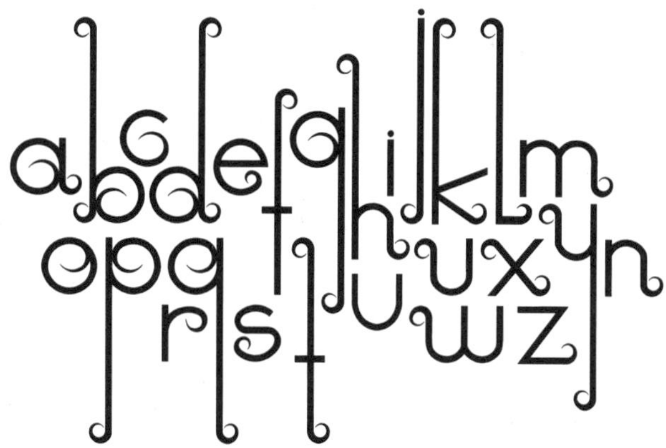

A B C D E F
G H I J K L
M N O P Q R
S T U V W X
Y Z

abcdefg
hijklmn
opqrstu
vwxyz

ABCDEFG
HIJKLMN
OPQRST
UVWYXZ

ABCDEFGHIJKLMN
OPQRSTUVWXYZ

ABCDEFGHIJKLMN
OPQRSTUVWXYZ

abcdefg
hijklm!?
nopqrst
uvwxyz

abcdef
ghijklm
nopqrst
uvwxyz

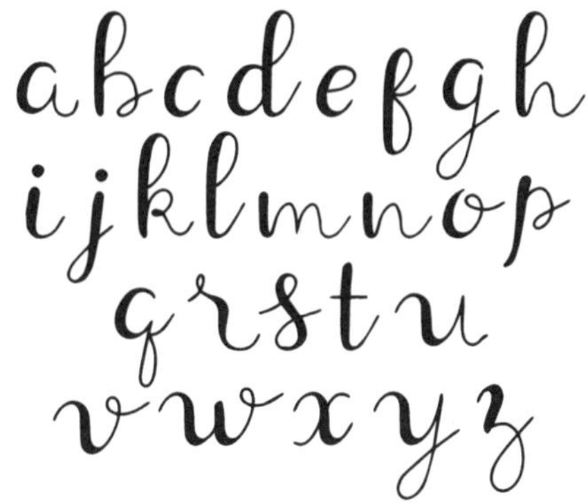
abcdefgh
ijklmnop
qrstu
vwxyz

abcdefghij
klmnopqr
stuvwxyz

ABCDÉ
FGHIJ
KLMNO
PRSTU
VWXYZ

abcdefg
hijklmn
opqrstu
vwxyz

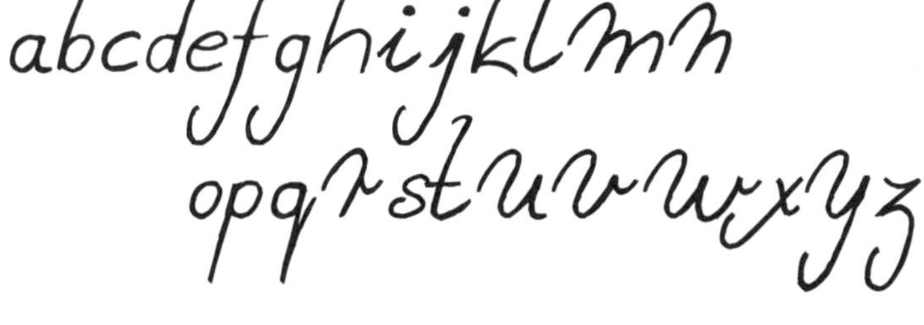
abcdefghijklmn
opqrstuvwxyz

abcdefghij
klmnopqrs
tuvwxyz

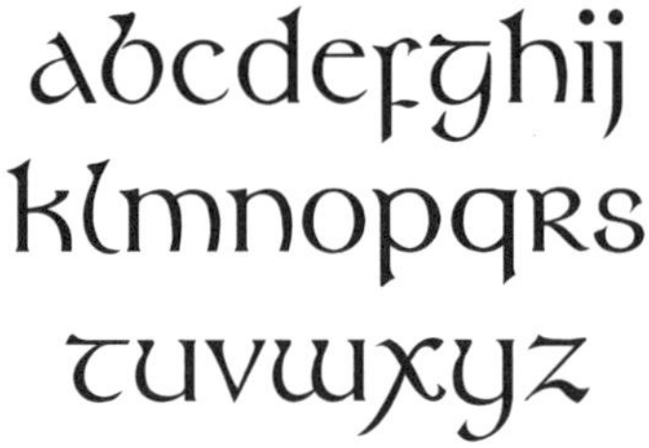
abcdefghij
klmnopqrs
tuvwxyz

abcdefg
hijklmn
opqrstu
vwxyz

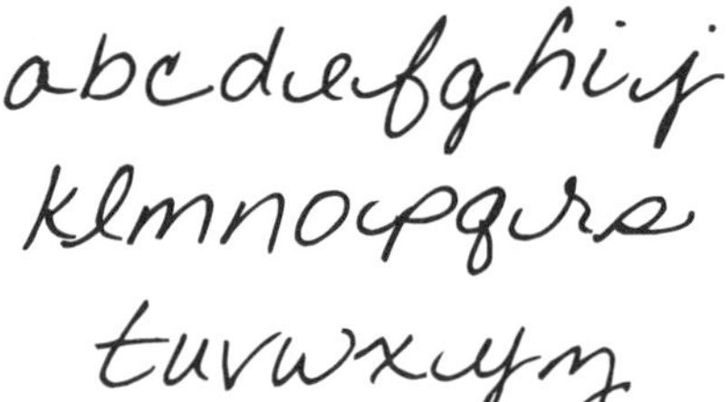
abcdefghij
klmnopqrs
tuvwxyz

A B C R
D F E A

« WEEKLY LOG »

17 lundi
18 mardi
19 merc.
20 jeudi
21 vendredi
22 samedi
23 dimanche
123

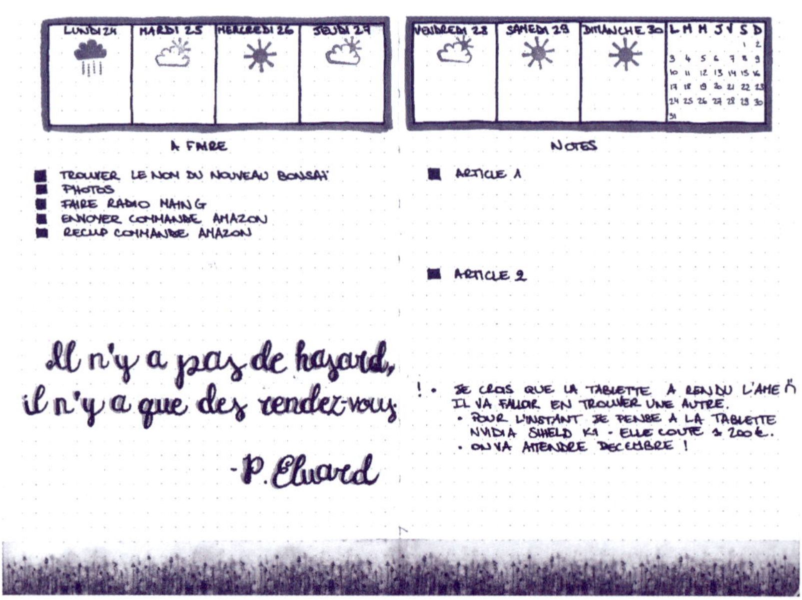
LUNDI 24
MARDI 25
MERCREDI 26
JEUDI 27
VENDREDI 28
SAMEDI 29
DIMANCHE 30
L M M J V S D
1 2
3 4 5 6 7 8 9
10 11 12 13 14 15 16
17 18 19 20 21 22 23
24 25 26 27 28 29 30
31
A FAIRE
TROUVER LE NOM DU NOUVEAU BONSAÏ
PHOTOS
FAIRE RADIO MAING
ENVOYER COMMANDE AMAZON
RECUP COMMANDE AMAZON
NOTES
ARTICLE 1
ARTICLE 2
Il n'y a pas de hasard, il n'y a que des rendez-vous
- P. Eluard
! • JE CROIS QUE LA TABLETTE A RENDU L'AME
IL VA FALLOIR EN TROUVER UNE AUTRE.
• POUR L'INSTANT JE PENSE A LA TABLETTE NVIDIA SHIELD K1 - ELLE COUTE ± 200€.
• ON VA ATTENDRE DECEMBRE !

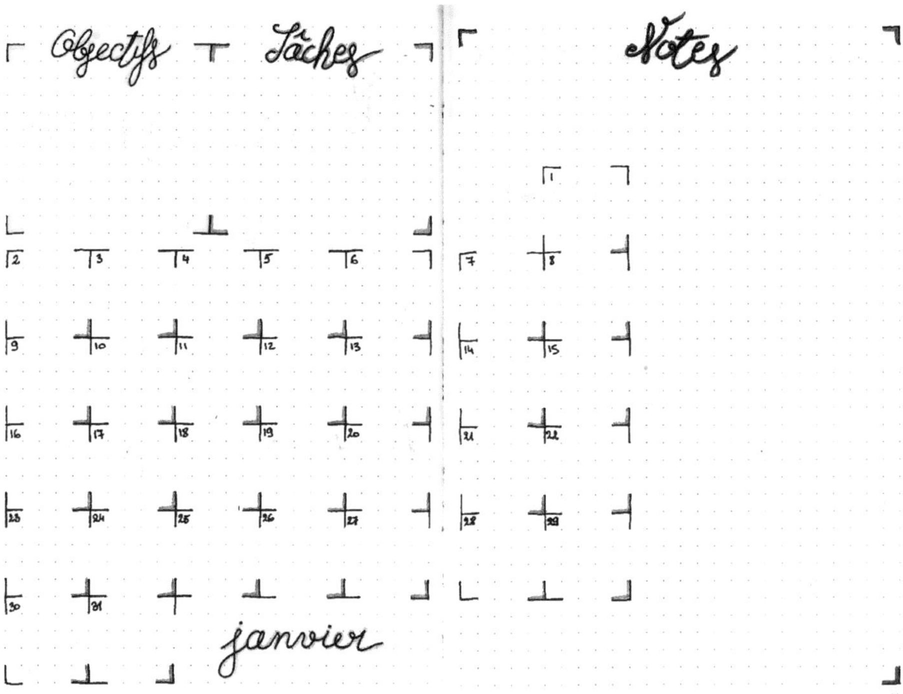
Objectifs
Tâches
Notes
1 2 3 4 5 6 7 8 9 10 11 12 13 14 15 16 17 18 19 20 21 22 23 24 25 26 27 28 29 30 31
janvier

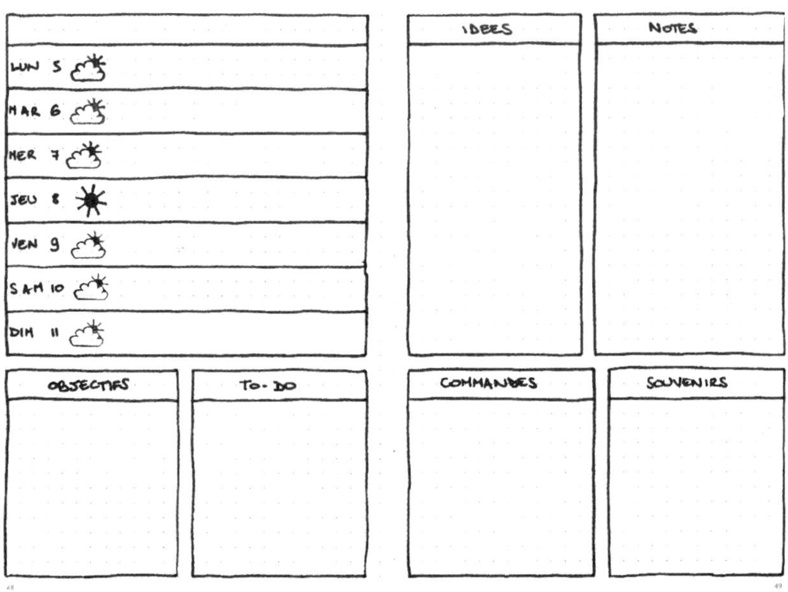
LUN 5
MAR 6
MER 7
JEU 8
VEN 9
SAM 10
DIM 11
IDEES
NOTES
OBJECTIFS
TO-DO
COMMANDES
SOUVENIRS

lundi 24
mardi 25
mercredi 26
jeudi 27
vendredi 28
samedi 29
dimanche 30

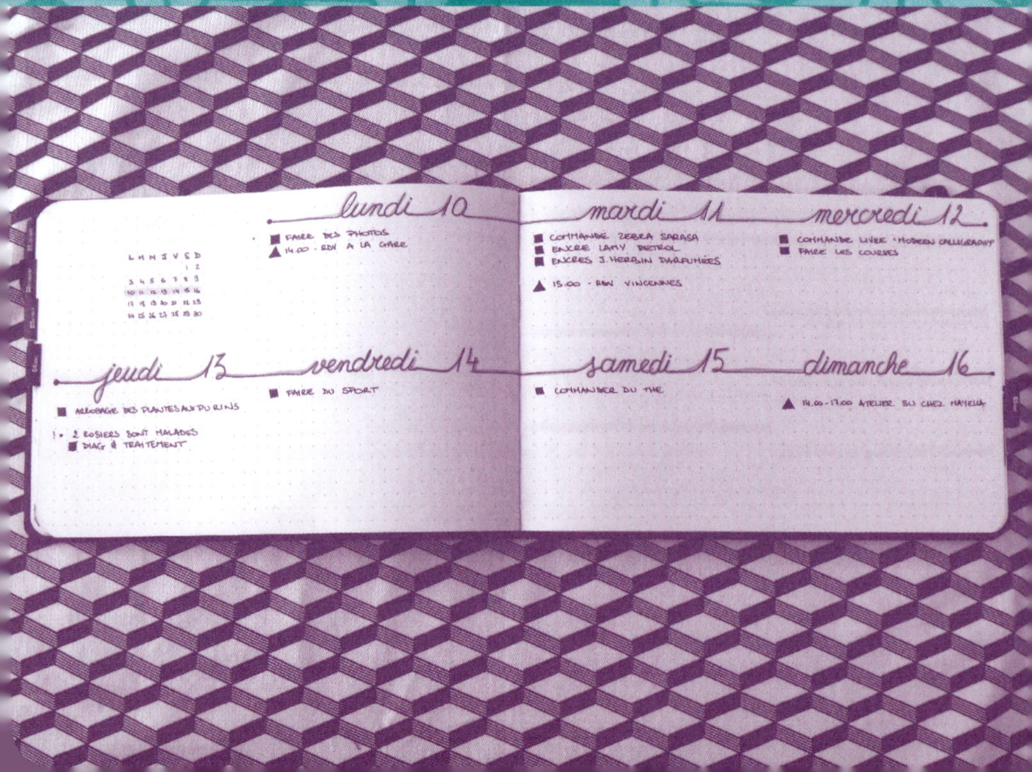
lundi 10
FAIRE DES PHOTOS
14.00 - RDV À LA GARE
mardi 11
COMMANDE ZEBRA SARASA
ENCRE LAMY PETROL
ENCRES J. HERBIN PARFUMÉES
15.00 - RDV VINCENNES
mercredi 12
COMMANDE LIVRE 'MODERN CALLIGRAPHY'
FAIRE LES COURSES
jeudi 13
ARROSAGE DES PLANTES AUX PURINS
2 ROSIERS SONT MALADES
DIAG & TRAITEMENT
vendredi 14
FAIRE DU SPORT
samedi 15
COMMANDER DU THE
dimanche 16
14.00 - 17.00 ATELIER SU CHEZ MAYELLA

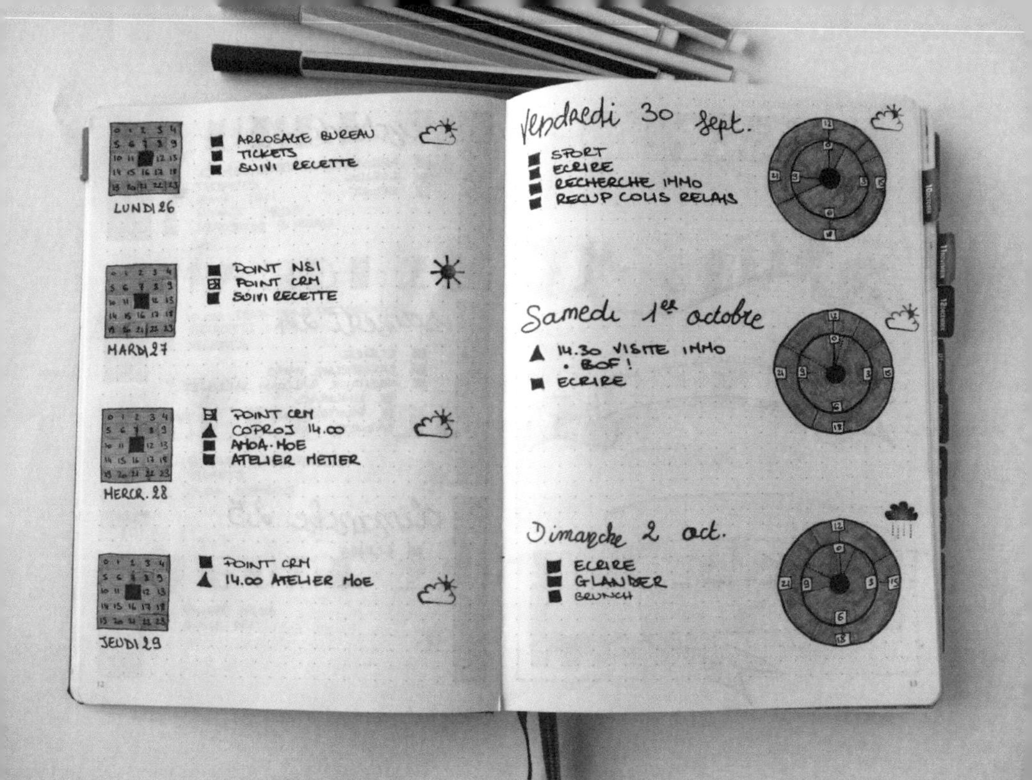
LUNDI 26
ARROSAGE BUREAU
TICKETS
SUIVI RECETTE
MARDI 27
POINT NSI
POINT CRM
SUIVI RECETTE
MERCR. 28
POINT CRM
COPROJ 14.00
AMOA-MOE
ATELIER METIER
JEUDI 29
POINT CRM
14.00 ATELIER MOE
Vendredi 30 sept.
SPORT
ECRIRE
RECHERCHE IMMO
RECUP COLIS RELAIS
Samedi 1er octobre
14.30 VISITE IMMO
. BOF !
ECRIRE
Dimanche 2 oct.
ECRIRE
GLANDER
BRUNCH

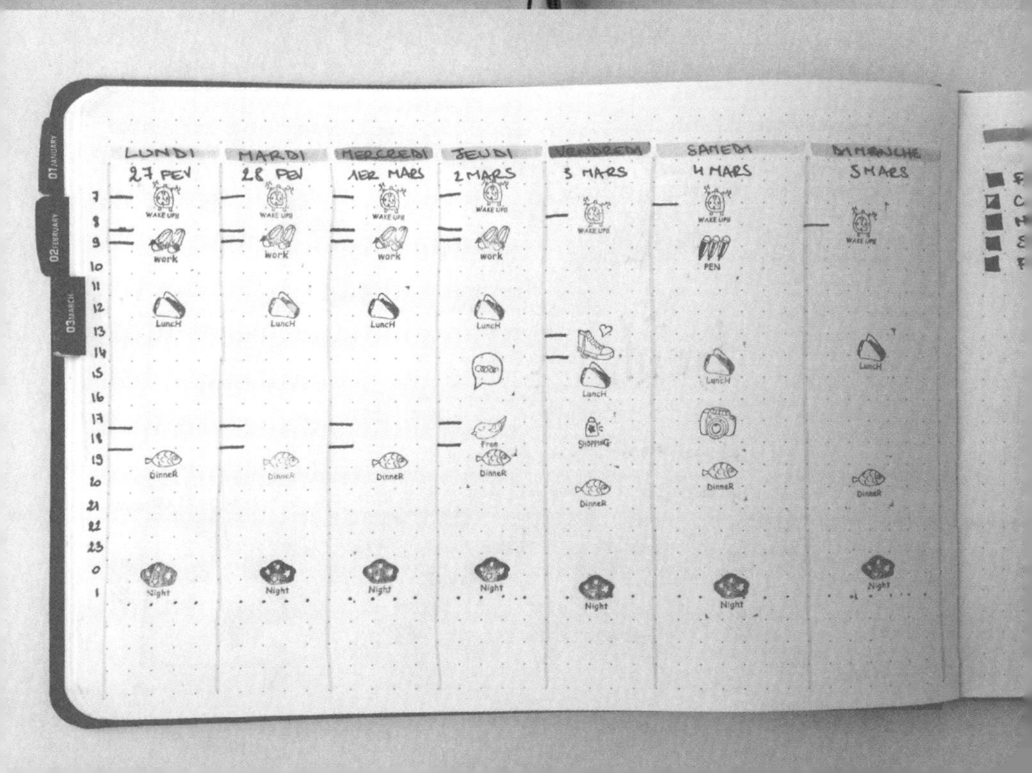
LUNDI 27 FEV
MARDI 28 FEV
MERCREDI 1ER MARS
JEUDI 2 MARS
VENDREDI 3 MARS
SAMEDI 4 MARS
DIMANCHE 5 MARS
WAKE UP!
work
LuncH
PEN
Free
SHOPPING
DinneR
Night

LUNDI 1
COMMENCER RECETTE
TICKETS
SUIVI CRM
POINT AMOA
ARROSAGE BUREAU
MARDI 20
10.00 REUNION DE SERVICE
RECETTE CRM
TICKETS
MERC. 21
GUIDE SUPPRESSION
TICKETS
14.00 COPROJ
JEUDI 22
POINT AMOA
SUIVI CRM
10
uni pin FINE LINE
WATER AND FADE PROOF. PIGMENT INK
RECAP AFTER USE.

vendredi 23
ARROSAGE MAISON
ECRIRE
SPORT
samedi 24
ECRIRE
RECHERCHE IMMO
VERIFIER BALCON + JARDINET
ENGRAIS
PROTECTIONS
SPORT
dimanche 25
ECRIRE
10 OCTOBER
11 NOVEMBER
12 DECEMBER
11

« MONTHLY LOG »

Voir aussi p. 14

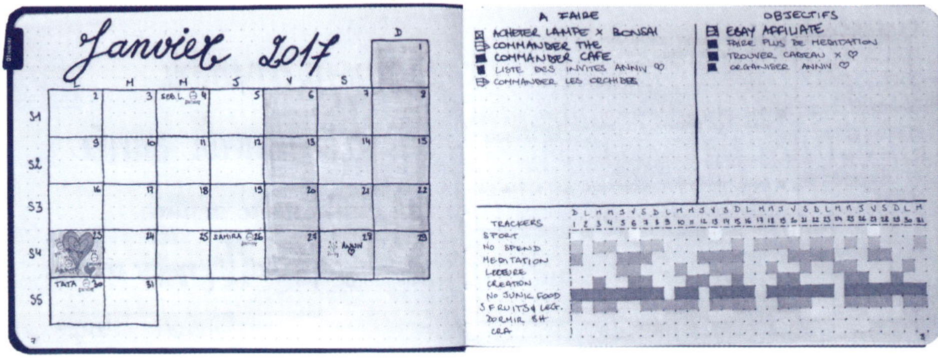

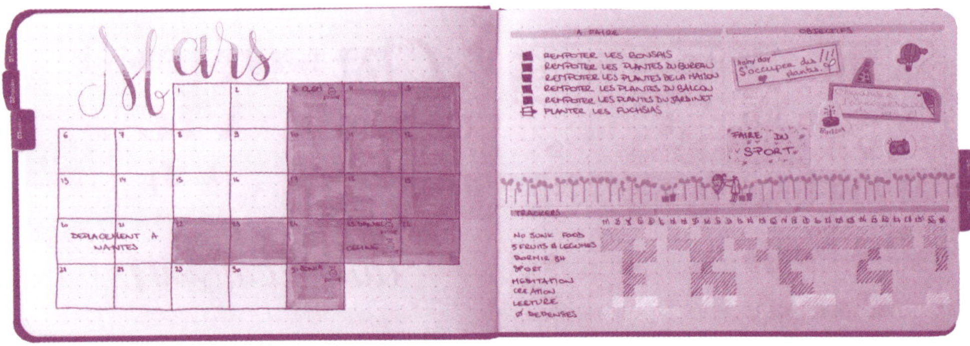

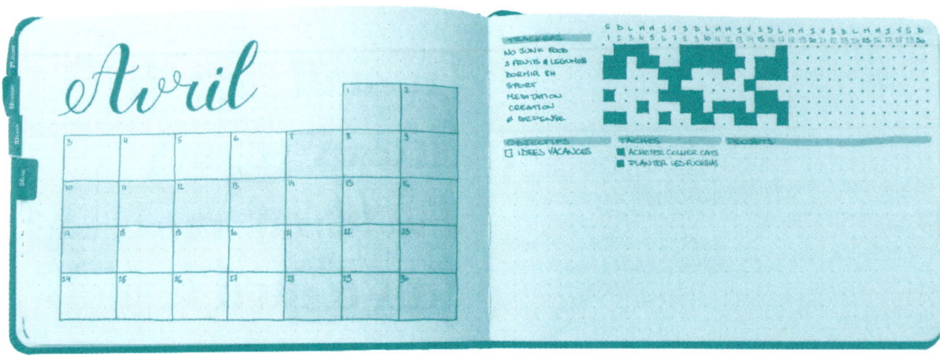

Demi-journées

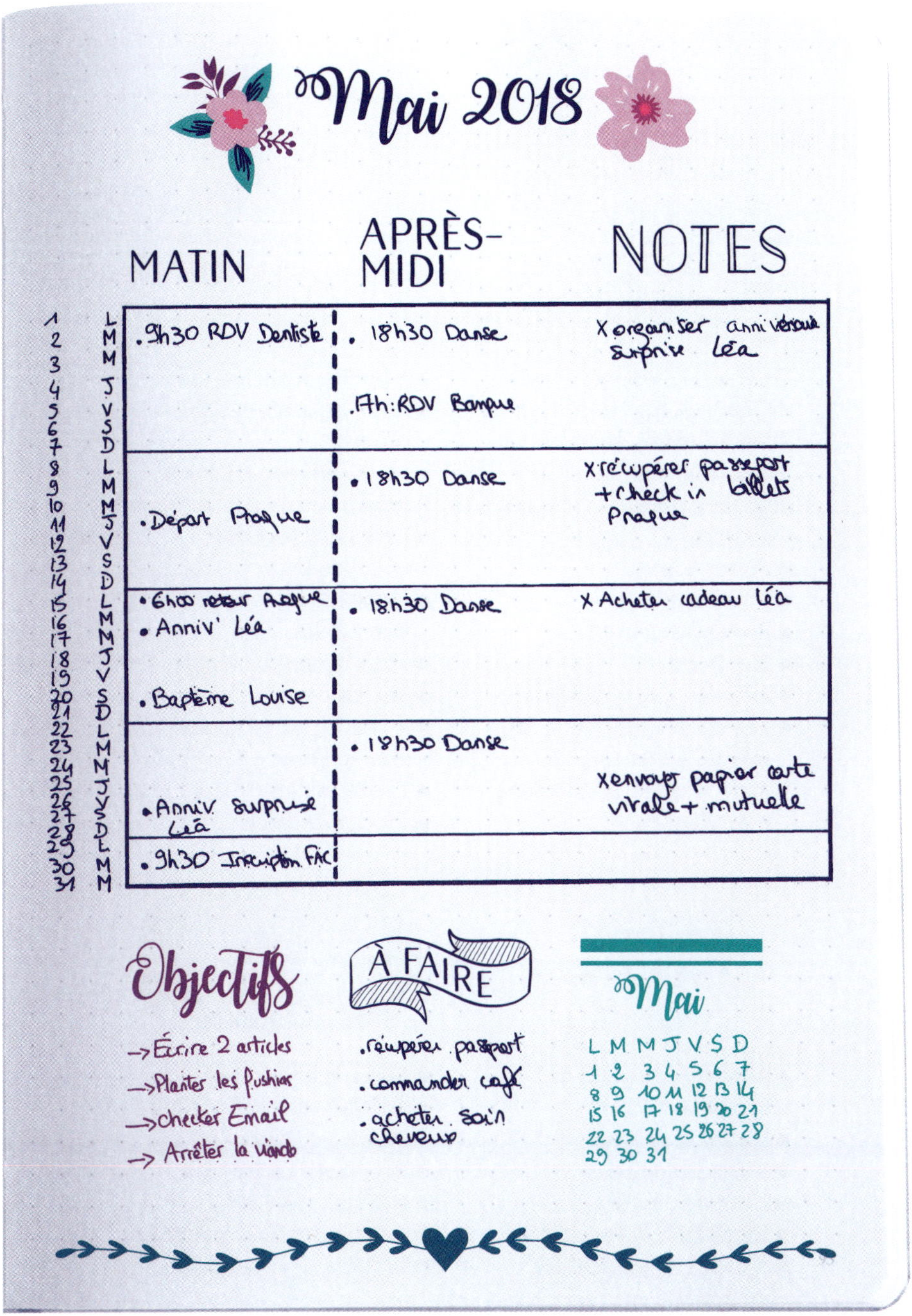

« COLLECTIONS »

BUCKET-LISTS

Vous savez, ce sont ces listes de choses que l'on désire faire au cours de sa vie ou avant une échéance précise (avant ses 30 ans, par exemple).

- Livres à lire
- Films à voir
- Séries à regarder
- Expos à faire
- Lieux ou pays à visiter
- Les choses folles que j'aimerais tester un jour
- Mes bonnes résolutions pour l'année

PENSE-BÊTE

- À mettre dans ma valise
- Anniversaires et dates à retenir
- C'est à la cave, mais où, déjà ?
- Dates des partiels et concours
- L'essentiel des huiles essentielles
- Mots de passe et login
- Jardiner avec la lune
- À vendre au prochain vide-grenier
- Livres prêtés
- Idées à creuser

ACHATS ET WISHLISTS

- Adresses de magasins sympas
- Cadeaux de Noël
- Liste de souhaits
- Liste de courses
- En attendant les soldes
- Articles à commander en ligne

POUR MES BAMBINS

- Liste de babysitters
- Activités et sorties à faire avec les enfants
- Recettes à tester
- Gâteaux rigolos
- Fournitures pour la rentrée
- Goûters de la semaine

SOURCES D'INSPIRATION

- Idées déco
- Cadeaux gourmands à faire moi-même
- Pour ma future cuisine
- Pour mon prochain roman
- Produits fétiches
- Comptes Instagram à suivre

MERCI LA VIE!

- Pensées positives
- Citations marquantes
- Souvenirs du mois
- Mots rigolos de mes marmots
- Ce qui me rend heureuse
- Pays que j'ai visités
- *Gratitude log*
- Belles rencontres
- Petits bonheurs à ne pas oublier
- Souvenirs d'enfance

À TESTER

- Projets créatifs
- Recettes à tester
- Blogs à explorer
- DIY à essayer
- Musiques à écouter
- Produits de beauté à faire moi-même
- Boîte à idées (*brain dump*)
- Compétences que j'ai envie d'acquérir ou de perfectionner

OU TOUT CELA À LA FOIS!

- Je refais la salle de bain
- Si je gagnais au Loto…
- Pendaison de crémaillère
- L'année prochaine…
- Pour les vacances

Et tant d'autres!

Voir aussi p. 36

« TRACKERS »

Quelques exemples de tâches, de pratiques ou d'habitudes qui peuvent justifier la création d'un tableau de suivi.

Je prends soin de ma santé

- Activité physique : type de sport, rythme et cadence…
- Remise en forme et contrôle de mon poids
- Équilibre de mes repas et menus
- Régime, nutrition, calories
- 5 fruits et légumes par jour
- Heures de sommeil
- Mon hydratation
- Suivi médical
- Contraception et cycles menstruels

Je prends soin de mon corps

- Rituel soins du corps
- Rituel soins du visage
- Rituel soins des cheveux

Je prends soin de mon esprit

- Moments de méditation ou de yoga
- Mon humeur du jour
- Moments de détente…
- Suivi de mes bonnes résolutions
- Suivi de mes objectifs
- Les rituels qui font du bien matin et soir
- Planning de révisions pour les examens
- Lectures qui nourrissent
- Compétences à développer
- Pratique d'une langue étrangère

Je prends soin de ma maison, de ma famille, de ma vie

- Entretien de la voiture (révision, lavage, gonflage…)
- Entretien de la maison (ménage régulier, grand nettoyage saisonnier, corvée ponctuelle…)
- Potager et plantations (soins, arrosage, repiquage, rempotage…)
- Dépenses/épargne
- À faire d'ici 5 ans
- Démarches administratives
- Publications sur Facebook, Tweeter…
- Tenue de mon blog
- Suivi pédiatrique des *kids*
- Roulement familial pour mettre le couvert, vider le lave-vaisselle…
- Tenue de mon Daily Bullet
- Anniversaires à souhaiter

Voir aussi p. 38

La grande forme

IL FAUT BOIRE!

1								
2								
3								
4								
5								
6								
7								
8								
9								
10								
11								
12								
13								
14								
15								
16								
17								
18								
19								
20								
21								
22								
23								
24								
25								
26								
27								
28								
29								
30								
31								

POIDS

1	3	6	9	12	15	18	21	24	27	30

ACTIVITÉ PHYSIQUE

👍	L	M	M	J	V	S	D
S1							
S2							
S3							
S4							
S5							

93

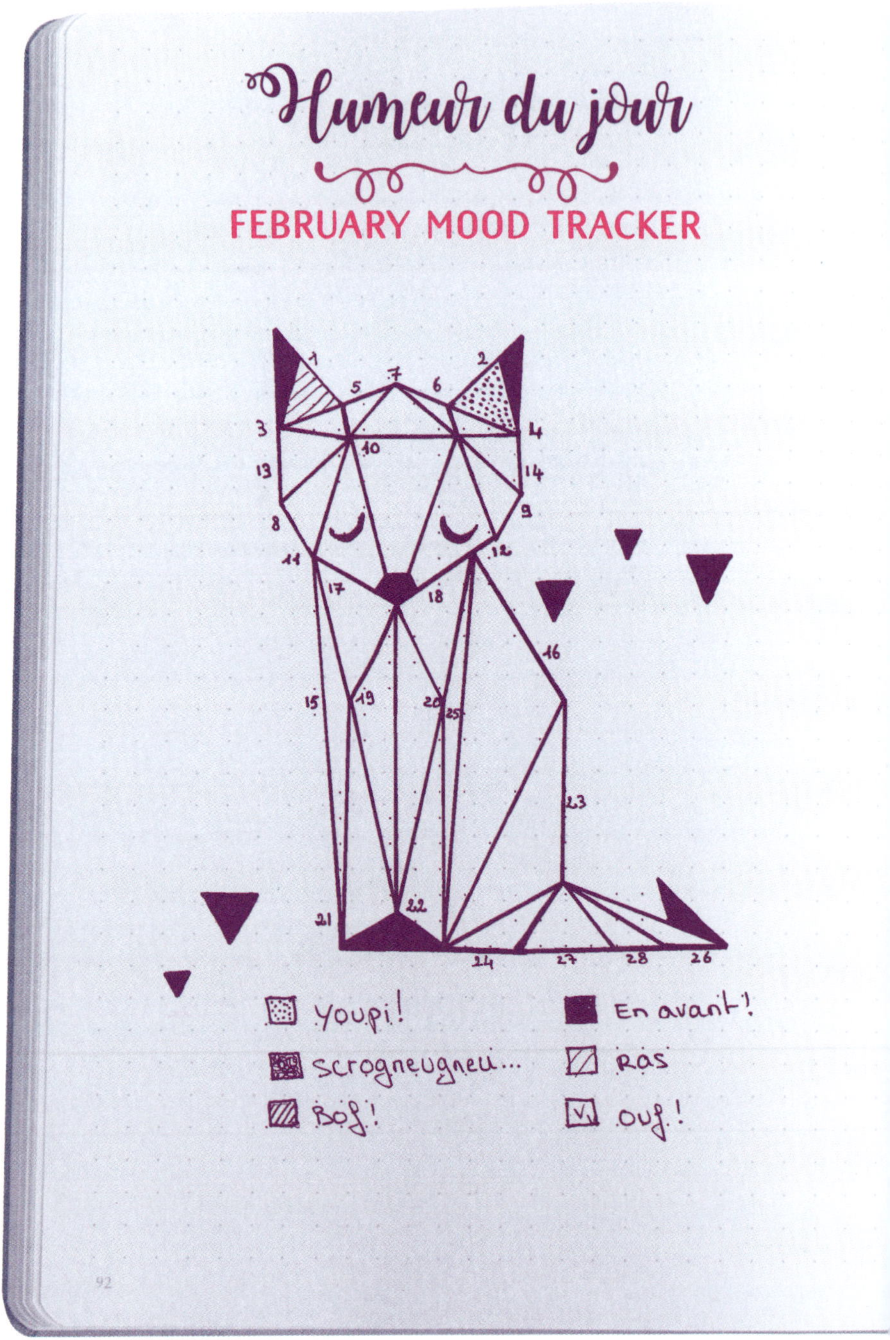
Humeur du jour
FEBRUARY MOOD TRACKER
Youpi !
Scrogneugneu...
Bof !
En avant !
RAS
Ouf !
92

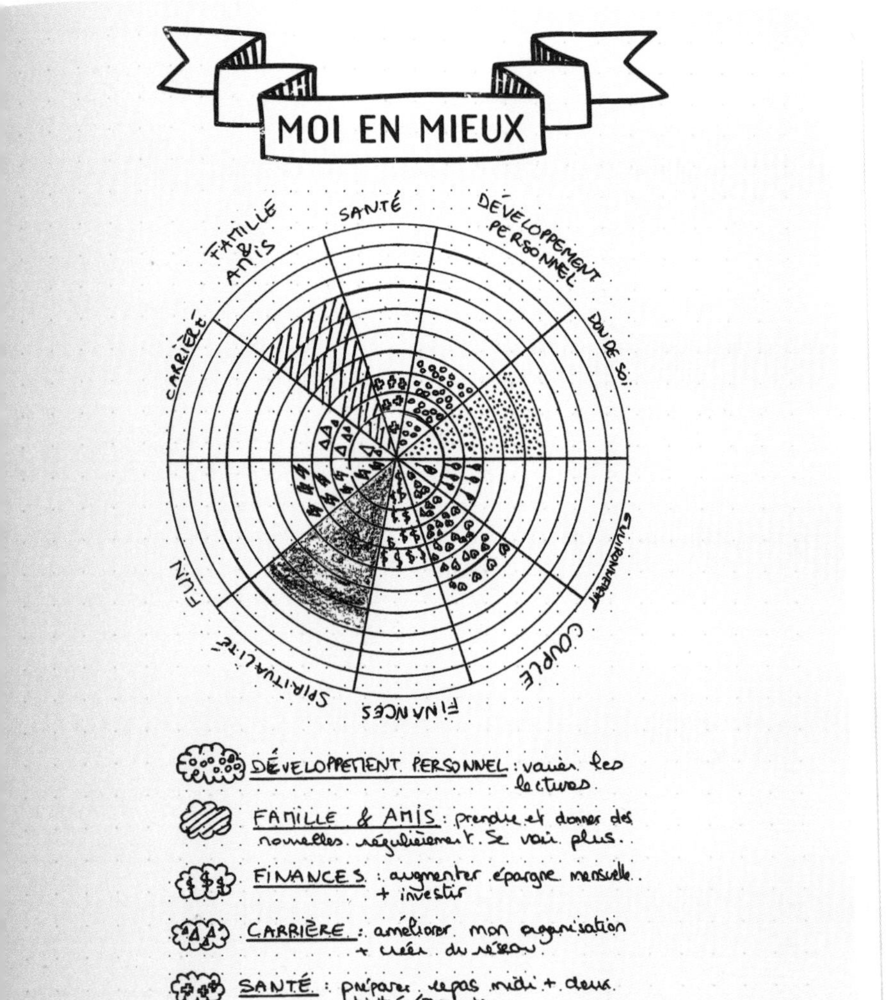
MOI EN MIEUX
SANTÉ
DÉVELOPPEMENT PERSONNEL
DON DE SOI
ENVIRONNEMENT
COUPLE
FINANCES
SPIRITUALITÉ
FUN
CARRIÈRE
FAMILLE & AMIS
DÉVELOPPEMENT PERSONNEL : varier les lectures.
FAMILLE & AMIS : prendre et donner des nouvelles régulièrement. Se voir plus.
FINANCES : augmenter épargne mensuelle + investir
CARRIÈRE : améliorer mon organisation + créer du réseau
SANTÉ : préparer repas midi + deux activités/semaine
COUPLE : plus de tendresse et + d'intimité + projets ensemble
DON DE SOI : à développer sur du long terme + varier
ENVIRONNEMENT : acheter des plantes + recycler vieux papier
SPIRITUALITÉ : m'initier à la méditation
FUN : développer + d'activités plaisir

MERCI

L'éditeur remercie Karolina d'avoir prêté ses carnets fétiches pour les prises de vue de cet ouvrage, et pour sa passion communicative du *journaling*.

ÉDITIONS ALBIN MICHEL
22, RUE HUYGHENS, 75014 PARIS
WWW.ALBIN-MICHEL.FR

ISBN: **978-2-226-39365-4**

LOT COMPOSÉ DE 2 ARTICLES (LE LIVRE *GUIDE DU PARFAIT DAILY BULLET* ET LE CARNET *MON DAILY BULLET*): NE PEUVENT ÊTRE VENDUS SÉPARÉMENT.

N° D'ÉDITION : **22794**

DÉPÔT LÉGAL: **SEPTEMBRE 2017**

Achevé d'imprimer en Italie par Centro Poligrafico Milano S.p.A. - Casarile - MI.

LUNDI
MARDI
MERCREDI
JEUDI
VENDREDI
SAMEDI
DIMANCHE
1
2
3
4
5
6
7
8
9
1
2
3
4
5
6
7
8
9
semaine
week-end
mois

TO DO
TO DO
1 2 3 4 5 6 7 8 9 0

février

mars

avril

mai

juin

juillet

août

septembre

octobre

novembre

décembre

vacances

vacances

1 2 3 4 5 6 7 8 9

1 2 3 4 5 6 7 8 9

semaine

week-end

mois

TO DO
TO DO
3 4 5 6 7 9
!
$